大人の
自由時間
mini

クローゼット整理からはじまる40歳からの服選び

さらりと身につく大人ファッションの新ルール

大山旬 著

技術評論社

Introduction

― はじめに ―

今、あなたはどんな着こなしをしていますか？
若いころに憧れた、「かっこいい40代、50代」の
おしゃれを楽しめているでしょうか？

「もう服にはそんなに興味はないから何でもいい」
「着たいものを着ているからそれでいいだろう」
確かにそのとおりです。
しかし、今の自分の服装と年齢のあいだに
いくばくかのギャップを感じている人も
少なからずいるのではないでしょうか。

若くありたいということと、
若いころのままの格好をすることはまったく別の話。
自分が感じているギャップは、
他人の目にも「違和感」として映ってしまいます。

では大人の着こなしとは、どんなものでしょうか。
本書では、「基本を知る」ことと提案します。
「ベーシック」は40歳、50歳になっても変わりません。
「ベーシックなんてつまらない」と
感じる人もいると思います。
しかし、他のあらゆる分野同様、
基本を押さえている人だけが、個性を発揮できるもの。

今の自分に必要な服とは。
その答えにたどりつくために、まず、本書では
クローゼットの整理からはじめます。
着こなしをブラッシュアップしていくためには、
これまで「なんとなく」で選んできた服の山は、
一度リセットする必要があるからです。

スッキリ片付いたクローゼットを前に、
もう一度服と自分自身について考えてみましょう。
そこから今の自分ならではの着こなしが
きっと見つかるはずです。

Contents

CHAPTER 3

ビジネスカジュアルをマスターする

CHAPTER 4

休日は「1マイルウェア」で

CHAPTER 5

今こそおしゃれを楽しもう！

CHAPTER 6

大人の悩み別ファッション

· OVER 40S' ·

Chapter 1

クローゼットを見直そう

着こなしを変えるためには、
手持ちの服を整理することが最初の一歩です。
まずはクローゼットを見直し、
今の自分に何が必要かを見極めましょう。

· NEW FASHION RULE ·

ワードローブは必要最小限で

「服に多少興味はあるし、シーズンごとにいくつかアイテムも買い足している。なのに、どうして毎朝コーディネートに迷ってしまうんだろう？」――。そんな悩みを抱える人に共通することがあります。それは、〝クローゼットが服でパンパンにあふれている〟ということ。なぜ、たくさんのアイテムを持っていても、着こなしがうまくいかないのでしょうか。

①ワードローブの中に、本当に使える「コーディネートしやすいアイテム」がない。

②手持ちのアイテムがコーディネートしづらいものであるため、新しいものを買い足しても組み合わせがうまくいかない。

多くの人が①と②の悪循環に陥っているのです。

試しに自身のクローゼットを思い浮かべてみてください。「この服は1年以上着ていない」「あの服、高かったのに結局全然使っていない」などと思いあたるアイテムも多いのではないでしょうか？

使いにくい、使えない服であふれたクローゼットのままだと、もしこれから本書で紹介するスタイルやアイテムに挑戦したいと思っても、現在の手持ちの服の中から合うものはなかなか見つけられないはず。

逆にコーディネイトしやすい服だけが整理されていれば、毎朝の着こなしに悩む必要もなくなります。極論を言えばクローゼットには〝1週間分の服〟があれば十分。まずは不要な服は思い切って手放し、クローゼットをスリムダウンさせるところからはじめます。

POINT 1

「自己流センス」の人こそスタイルの見直しを

着こなしに苦手意識を持つ男性を分析すると、大きく2つのタイプに分類することができます。

①着心地重視タイプ

服に興味やこだわりがなく、安くて着やすいものであれば何でもいいと思っている。

②自己流センスタイプ

若いころからファッションには一定以上の興味を持ち、自分ならではのこだわりがあるが、着こなしになんとなく自信がない。

本書を手にした人の多くは、本来はファッションが嫌いではない②のタイプに当てはまるのではないでしょうか。実は、大人に相応しい着こなしを考えると、このタイプの人こそ、これまでなんとなく続けてきた「自分スタイル」を一度見直す必要があります。

なぜなら独自のこだわりがあるため、目立った着こなしをしがちだからです。しかし若いころは〝個性的〟と受け止められたアイテムや尖ったスタイルも、40代以上になると年齢相応の顔や体型、雰囲気とのミスマッチから〝違和感〟が強くなります。

特に20代、30代から服のテイストが更新されていない人は要注意。〝若づくり〟と見られてしまったり、〝流行遅れ〟の感が強くなっている恐れがあります。

自己流センスタイプの人が陥りがちなパターン例

好印象にはつながりにくい「趣味系」

バイカー風、ロッカー風など独自の世界観を追求したスタイルはやはり一般的なウケは低い。格好は尖っていても顔は年齢相応であるため、年を重ねるほどミスマッチ感が強く出てしまう。

“老けたホスト”風に「アクセサリー系」

主張の強いアクセサリーは、取り入れるのが難しいアイテムのひとつ。若者にとっては“悪っぽい”印象づくりにひと役買うシルバーアクセサリーも、大人にはちょっと似合わない。

学生時代から変わらない「若づくり系」

特徴的な柄やライン、ロゴなどが入った装飾過多なアイテムが似合うのは20代まで。中途半端な丈のパンツもNG。落ち着いた雰囲気がないため、大人が着ると若づくりな印象に。

POINT 2

「クローゼット」を整理しよう

40歳を超えると、長年少しずつ買い足した服も相当な量になっていると思います。食べ物と違い、服には明確な「賞味期限」はありません。すでに世間では流行遅れになったものや、もう似合わなくなってしまったものも自分では判断しにくいですが、処分しない限りはいつまでもクローゼットの中に残ります。するとせっかく新しいアイテムを買ってもそれらの古い手持ちの服とは合わず、再びタンスの肥やしに……。

そんな悪循環を断ち切るためにも現在の手持ちアイテムをすべて見直し、使えないものは思い切って処分する必要があります。「まだ着られるのにもったいない」「この服は高価だったから」と何かしらの理由をつけて再びクローゼットの奥底に戻したくなったら、もう一度考えてみましょう。その服を着た自分は、1日を楽しい気分で過ごすことができるでしょうか？　自信を持って人と接することができるでしょうか？

クローゼットを見直すことは、自分の価値観を見直すことにもつながります。10年、20年経っても価値観が変わらない、ということはありえません。必要な服だけでスッキリと整理されたクローゼットなら毎朝扉を開けることが楽しみになるはずです。

クローゼットを整理することのメリット

1 「自分の価値観」を見直すことができる

大事なのは“現在の自分がどう見られたいか”。古い価値観を見直し、今の自分に合わない服は思い切って処分しよう。

2 新しいファッションに挑戦したくなる

使いにくいアイテムがなくなれば、服選びが「手持ちのあの服に合わせなければ」という義務感から解放され「どんな服にも挑戦できる」という前向きなものに。

3 使い勝手のいい服ばかりになる

手持ちアイテムが使いやすいものばかりになれば、服に対する苦手意識は自然となくなり、自分の着こなしに自信を持つことができる。

4 毎朝のコーディネートに悩まなくなる

コーディネートが迷わず決まるので、ファッションが苦痛ではなくなる。その日1日、何を着るかを決めることが楽しくなるはず！

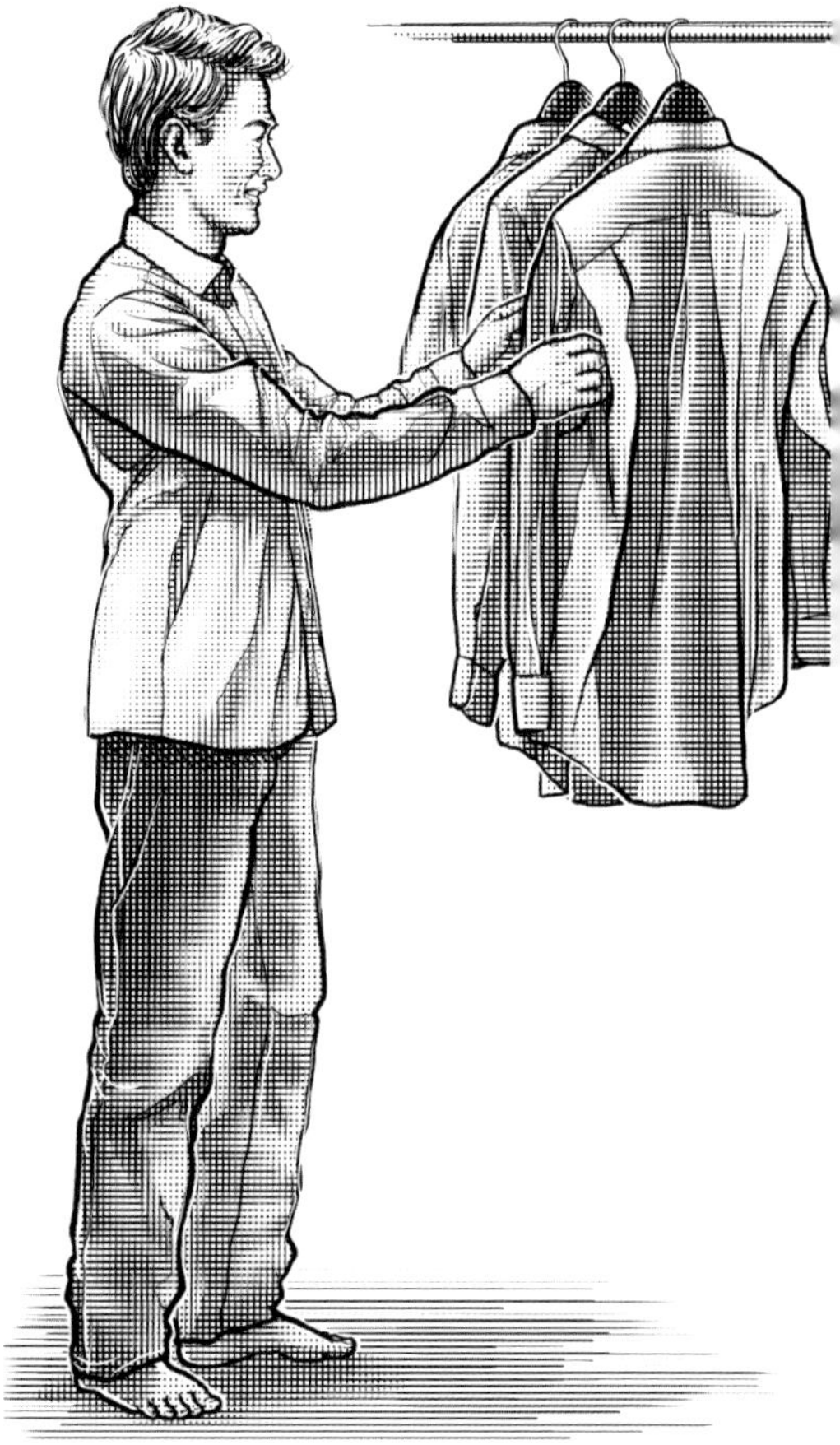

大人のクローゼットは量よりも質。本当に必要なアイテムだけがスッキリ整理された状態を保ちたい。

POINT 3

40代になったら「卒業」したいアイテムとは

「年齢とのミスマッチ感が強いアイテム」について、具体的な特徴を見ていくと、以下の共通点があります。

①特徴的なデザイン
②ダメージ加工
③オーバーサイズ、
　または小さすぎるサイズ
④中途半端な丈

　このうちのひとつ以上の要素が入ると、たとえそれがどんなに高価なアイテムだったとしても若づくり感が強くなり、結果、コーディネート全体が安っぽく見えてしまいます。

　わかりやすい例を挙げると、派手なロゴのダボダボTシャツとダメージ加工が施されたジーンズの組み合わせ。若者が着ればストリートファッションの雰囲気が出るかもしれませんが、ある程度年を重ねた大人が着るとただ「だらしない」印象にしかなりません。

　逆にどんなに体型に自信があっても細すぎるサイズのアイテムで体のラインを強調したり、「ハンパ丈」で肌を露出する服も避けるべきです。

　年齢相応の落ち着きからは程遠い印象になりますし、何より「大人の男性の肌は隠すべき」というのがファッションの基本的な考え方だからです。

大人の卒業アイテムをチェックしよう

□ロゴ入りTシャツ

特徴的なロゴ、イラストが入ったTシャツは落ち着きがない印象。流行にも左右されやすい。

□ダメージジーンズ

たとえ高価なビンテージジーンズでも、だらしなく見えてしまいがち。

□スキニーパンツ

体のラインを必要以上に強調するシルエットは、大人の男性が着ると「無理をしている」感が。

□クロップドパンツ

6〜7分丈で足首を見せるデザインは、20代なら「抜け感」につながるが大人の肌は隠すべき。

□量販店のスニーカー

足元の印象は特に重要。ゴチャついた色、シルエットのもたつきが全体を安っぽい雰囲気に。

□アクセサリー

シンプルなものでも主張が強いため、コーディネートは難しい。上級アイテムと考えよう。

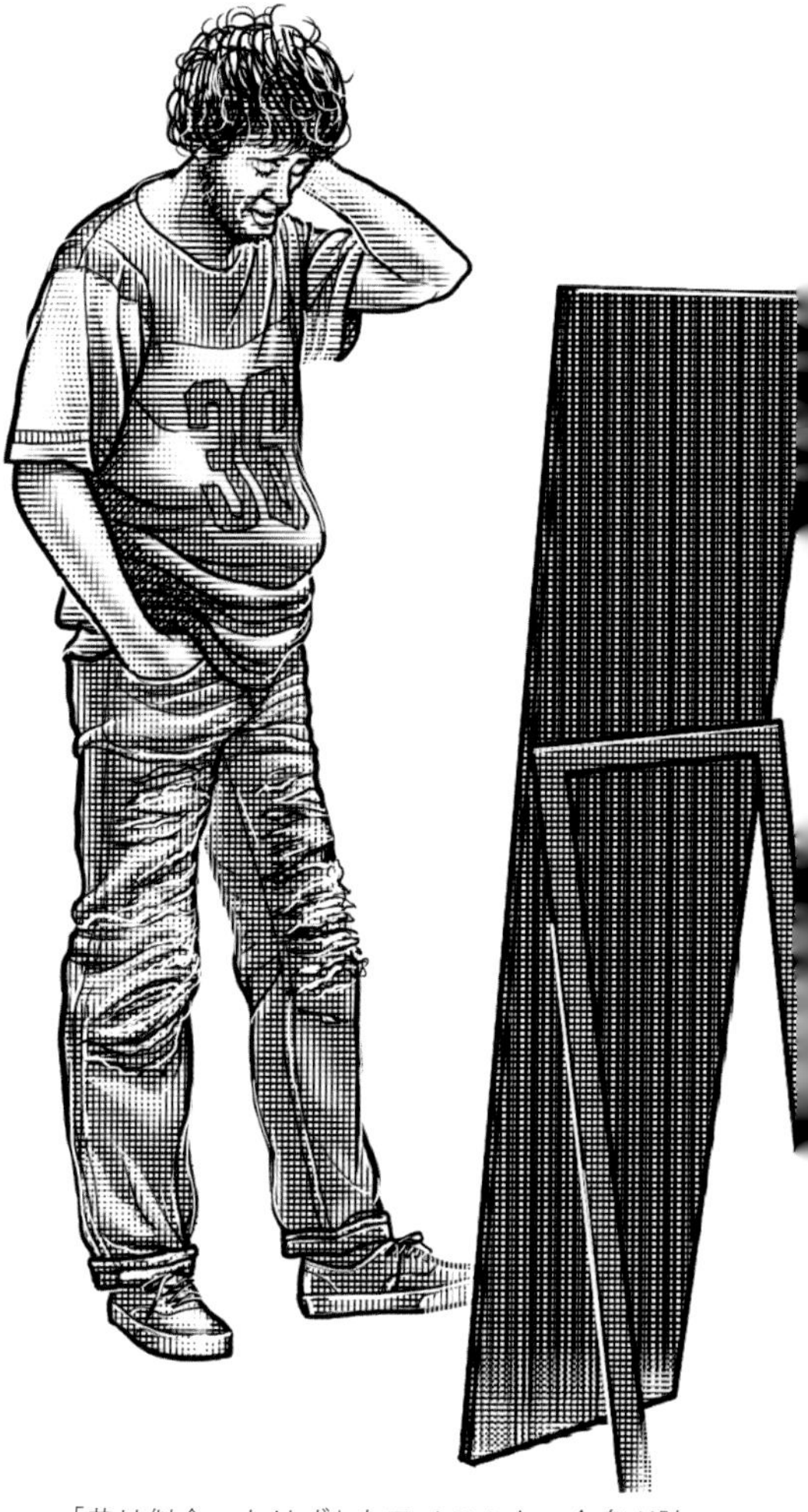

「昔は似合ったはず」なアイテムも、全身が映る鏡の前でもう一度確認してみよう。

POINT 4

クローゼットの「整理の仕方」

「卒業アイテム」以外のものも、以下の4つのポイントでチェックしてみましょう。

①流行遅れになっていないか

流行は毎年少しずつ変化しています。たとえベーシックなアイテムでも購入から5年以上経過しているものは、流行から外れている可能性が高いです。(↓P17)

②傷んでいないか

汚れやほつれなどのダメージが見えると途端に「だらしない」印象に。衿や裾などの細部も他人の目にはよくつきます。(↓P18)

③使いやすいアイテムか

合わせにくく、着ていて自信が持てない服は「使いにくいアイテム」です。1年以上着ていない服は思い切って処分を。(↓P32)

④サイズは今の自分に合っているか

大人の着こなしはサイズ感が命。年齢とともに体型も変化するので「自分はM」「Lしか着ない」と決めている人も今のサイズをきちんと知ることが大切。(↓P26)

手持ちアイテムのチェックポイント

- □流行遅れになっていないか
- □傷んでいないか
- □使いやすいアイテムか
- □サイズは今の自分に合っているか

「流行遅れ」になりがちなポイント

PANTS

□タック入り

タックの有無をチェック。現在、パンツはスラックス、チノパンともにノータックが主流となっている。

□ひざ下の裾幅が太め

太めストレートやブーツカットは野暮ったい。ひざ下は足のラインに沿って細くなる「テーパード」がトレンド。

SHIRT

□主張の強い柄やロゴ

個性的な柄やロゴはトレンドに左右されやすい。購入から1年未満で流行遅れとなる可能性あり。

□オーバーサイズ

近年はコンパクトなサイジングが主流。オーバーサイズで腕や身幅にあまりが目立つと“ダサく”見える。

COLUMN

特に気をつけたい「アウター」

トレンチコート、ピーコート、ブルゾン、革ジャンパーなどベーシックなアウターも、5年以上経つものはシルエットが古臭くなっている可能性が高い。昔のアイテムは太めにデザインされたものが多いが、近年は細身のシルエットが主流だ。アウターはシャツやTシャツに比べて値も張るため何年も大事にしがちだが、同じく「5年」を目安に見直しをしよう。

傷みが目立ちやすいポイント

PANTS

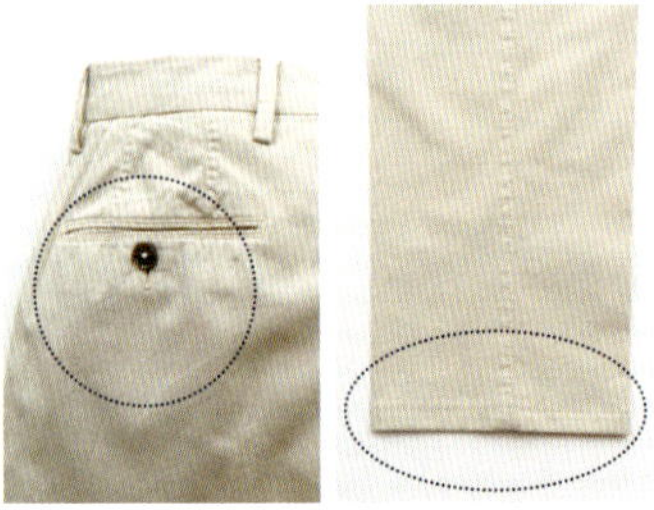

□ヒップと裾の擦り切れ

特にパンツの尻ポケットに携帯電話や財布を入れる習慣がある人は、ポケット部分の傷みに注意。裾もダメージが出やすいため、擦り切れていないかを確認。

SHIRT

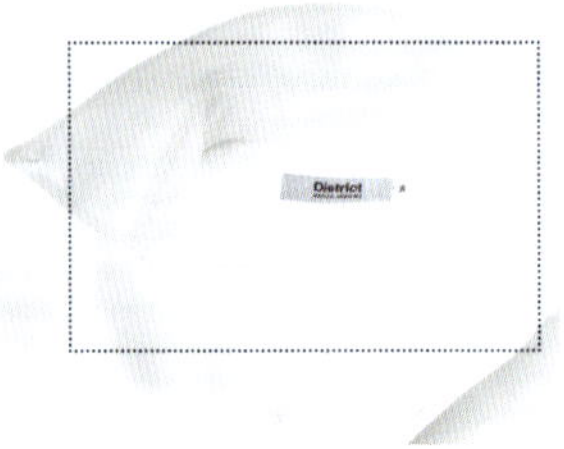

□衿と袖の汚れと擦り切れ

最もダメージが目立つのが衿元。折り返しを拡げて、黄ばみがないか、擦り切れていないかを確認しよう。袖口も酷使される部分なので擦り切れをチェック。

OTHER ITEMS

□Tシャツ

特に首元の伸びに注意。洗濯を繰り返すことで生地が傷み、薄くなることも。小さなシミも思った以上に目立つ。

□ダウンコート

特にナイロン素材のものは、使い込むと光沢を帯びてしまい、くたびれた印象に。

□ジーンズ

経年変化で色が褪せたもの、裾や膝の擦り切れはだらしない印象。ダメージ「加工」であってもおすすめできない。

□セーター

毛玉はだらしない印象。保管状態が悪いと虫喰い穴も出やすいので、シーズンごとにダメージの確認を。

□スニーカー

ソールの減り、色の褪せ、レースのうす汚れなどが目立ちやすい。ビンテージアイテムも避けるのが得策。

□革アイテム

シミやベたつき、擦り切れ、剥がれなどのダメージがあると“味”よりも“汚い”印象に。

POINT 5

「1週間分の服」の考え方

自分のクローゼットから処分すべき服はどれなのか、ここまでで何となく見えてきたのではないでしょうか。そうはいっても、「この服はきっとまだ着られるはず」と、迷いが出てしまうアイテムもあると思います。さらに明確によりわけるために、1週間分の着こなしをリストアップする方法を紹介します。

まずは、現在の手持ちアイテムをすべて紙に書き出します。それらを使って春・夏・秋・冬の1週間分のコーディネートを組み立てます。トップス、ボトムス、靴やマフラーなど着こなしをすべてイメージして書き出しましょう。このとき頭の中でぼんやりと思い浮かべるのではなく、はっきりと紙に書くのがポイント。すると、コーディネートに一度も登場しない、登場させたくてもほかのアイテムと組み合わせることができないアイテムが出てくると思います。それがクローゼットから処分すべき服です。「今は着られなくても流行は繰り返すから」ととどめたくなりますが似たようなスタイルが流行ることはあってもまったく同じデザインのものが流行ることはありません。

第2章の服選びに入る前に、次ページのリストを活用し、ぜひチェックをしてみてください。

クローゼットのチェックリスト

使用例

手持ちのアイテムを
すべて書き出す。

「1週間のコーディネート」
に当てはまらなかった
ものをチェック。

手持ちアイテム

☐ シャツ（白）×2	☑ チェック柄シャツ	☑ ジャケット（ベージュ）	☑ カーゴパンツ
☐ プリントTシャツ	☑ ドット柄シャツ	☐ パンツ（黒）	☑ 革靴（黒）
☑ ロゴ入りTシャツ	☐ ストライプシャツ	☐ ブルージーンズ	☐ 革靴（茶色）
☐ ポロシャツ（紺）	☐ ジャケット（黒）	☐ チノパン（ベージュ）	☐ スニーカー（白）

1週間のコーディネート

	TOPS	PANTS	OTHER
MON	ジャケット（黒）／シャツ（白） ／	ブルージーンズ	革靴（茶色）
TUE	ジャケット（黒）／ポロシャツ（紺） ／	チノパン（ベージュ）	革靴（茶色）
WED	ジャケット（黒）／シャツ（白） ／	ブルージーンズ	スニーカー（白）
THU	ジャケット（黒）／ストライプシャツ ／	パンツ（黒）	革靴（茶色）
FRI	シャツ（白）／ ／	パンツ（黒）	革靴（茶色）
SAT	プリントTシャツ／ ／	ブルージーンズ	スニーカー（白）
SUN	シャツ（白）／ ／	チノパン（ベージュ）	スニーカー（白）

その日のコーディネートを組み立ててみる。

SPRING & SUMMER

手持ちアイテム

☐ ______	☐ ______	☐ ______	☐ ______
☐ ______	☐ ______	☐ ______	☐ ______
☐ ______	☐ ______	☐ ______	☐ ______
☐ ______	☐ ______	☐ ______	☐ ______

1週間のコーディネート

	TOPS	PANTS	OTHER
MON	／ ／		
TUE	／ ／		
WED	／ ／		
THU	／ ／		
FRI	／ ／		
SAT	／ ／		
SUN	／ ／		

FALL & WINTER

手持ちアイテム

□ ＿＿＿＿　□ ＿＿＿＿　□ ＿＿＿＿　□ ＿＿＿＿
□ ＿＿＿＿　□ ＿＿＿＿　□ ＿＿＿＿　□ ＿＿＿＿
□ ＿＿＿＿　□ ＿＿＿＿　□ ＿＿＿＿　□ ＿＿＿＿
□ ＿＿＿＿　□ ＿＿＿＿　□ ＿＿＿＿　□ ＿＿＿＿

1週間のコーディネート

	TOPS	PANTS	OTHER
MON	／ ／		
TUE	／ ／		
WED	／ ／		
THU	／ ／		
FRI	／ ／		
SAT	／ ／		
SUN	／ ／		

· OVER 40S' ·

Chapter 2

40代からの
正しい服選びと
着こなし

クローゼットが整理されたら、いよいよ服選びです。
ワードローブをどのようにそろえればいいのか、
選んだアイテムはどう着こなすべきか。
40代が知っておきたい「基本の考え方」を紹介します。

· NEW FASHION RULE ·

大人は何を着るべきか

ここまで「大人が処分すべきアイテム」について紹介しました。

ひょっとすると、手持ちの服のほとんどが手放すべきものに当てはまり、「じゃあ結局、どうすればいいんだ……」と、大人の着こなしを非常に難しく感じた人もいるかもしれません。

しかし、アイテムの選び方と着こなし方の基本は、実は至ってシンプル。

重視すべきは、以下の3点のみです。

①ジャストサイズであること。
②ベーシックな色・デザインであること。
③上質で着心地のいいものであること。

オン・オフシーンとも、この3つのポイントを守ってアイテムを選べば、落ち着いた雰囲気を醸し出す〝好感度の高いコーディネート〟から大きく外れることはありません。一つひとつがベーシックなアイテムだからこそ組み合わせのバリエーションも無限に広がります。「でもジーンズは太めが好きだし」「プレーンなシャツなんてつまらない」と、つい好みを優先してしまいがちですが、嗜好やテクニックを取り入れていくのは、基本のルールをしっかり押さえてから。基本を知らないまま上級者向けのアイテムに手を出そうとすると、再びクローゼットに眠る服を増やしてしまうだけです。

クローゼットとともにこれまでの価値観も一旦リセットし、まずは、大人に相応しい「着こなしの考え方」を押さえていきましょう。

POINT
1

「ジャストサイズ」にこだわる

大人の着こなしを考える際、最も重要なのが「サイジング」。どんなに優れたデザインのものでも、サイズが合っていなければ台なしになってしまいます。面倒だから、と試着をせずに購入する男性は多いですが、試着する時間がとれないときは、購入自体を見送りましょう。

サイズのチョイスミスで最も多いのが1サイズ以上、オーバーサイズを着ている人。40代以上になると、体型にも自信が持てなくなるのが自然で、つい、ゆったりしたシルエットのアイテムを選べば安心と考えがちです。ところが、オーバーサイズの服は体型をカバーするどころか逆に体のラインを強調します。あまりが目立つため、もたついた印象になってしまうのです。

また、「Sサイズなんて」と、小さめのサイズを選ぶことに抵抗がある人もいるようですが、オーバーサイズの服に〝着られている〟印象になってしまっては本末転倒です。

ブランドによってもつくりは微妙に異なるため、AブランドではMサイズがぴったりだった人も、BブランドではSサイズがジャスト、ということも。必ず試着をして、ジャストサイズを選びましょう。

ジャケットのサイズチェックポイント

FRONT

CHECK 2

若干狭い肩幅

肩幅よりも気持ち内側に入るくらいがジャスト。肩の角を横からつまんだときに指が入ってしまうならサイズオーバー。

CHECK 1

ウエストのシェイプ

ボタンを留めたときに軽くシワが入り、ウエストが「シェイプ」されたシルエットとなれば理想的。

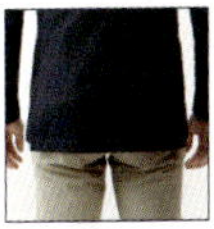

CHECK 3

お尻が半分隠れる着丈

着丈は後ろからチェック。お尻全体が隠れると長すぎ、丸見えだと短すぎ。お尻が半分隠れるのがベスト。

BACK

CHECK 5

背中にシワが寄らない

大きすぎると縦ジワが、小さすぎると横ジワが入ってしまう。

SLEEVE

CHECK 4

シャツがのぞく袖丈

ジャケットの袖口からわずかにシャツがのぞく丈を意識。

シャツのサイズチェックポイント

FRONT

CHECK 1

**両脇を軽く
つまめる身幅**

裾をパンツに入れた状態でウエストをつまんだ際、親指の第一関節あたりまでをつかめる程度のあまりを確認。

CHECK 2

あまりのない着丈

裾をパンツに入れたときに丈があまったり、逆に足りなくて腕を上げたりかがんだときに出てしまうものはNG。

LENGTH

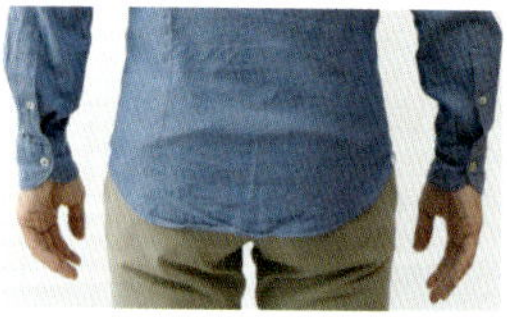

CHECK 4

**出して着るなら
着丈が短めのものを**

ドレスシャツの着丈は長めでパンツから出すラフな着こなしには向かない。タックアウトにはお尻が少し見える程度の丈のカジュアルシャツを。

SLEEVE

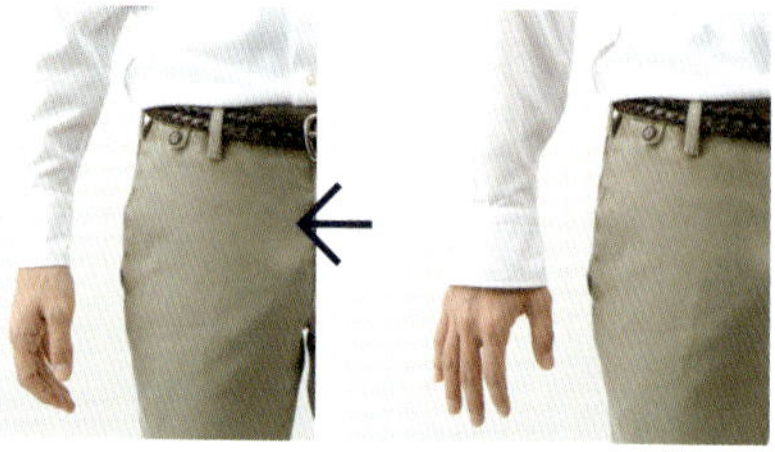

CHECK 3

手首にかかる程度の袖丈

袖口のボタンを外した状態で、親指のつけ根にかかる程度がベストな袖丈。ボタンを留めたときに、ちょうど手首にかかるくらいの長さになる。

Tシャツのサイズチェックポイント

FRONT

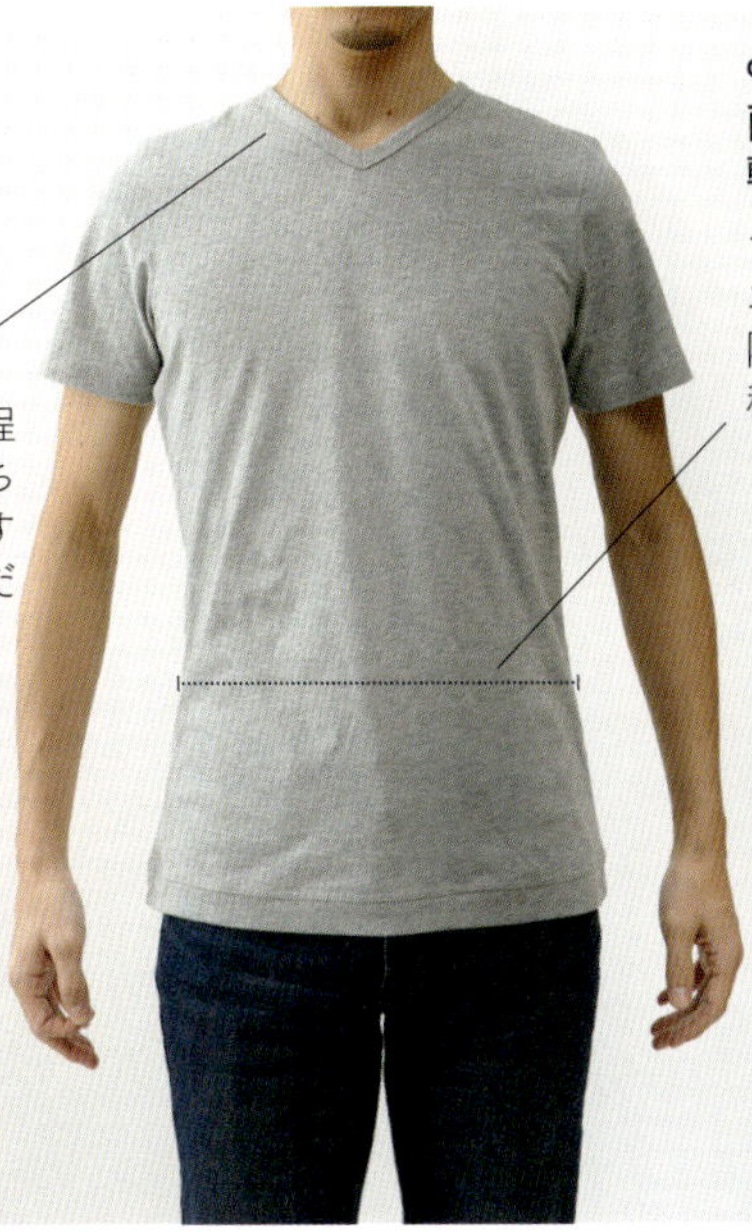

CHECK 2

鎖骨が見えない首元

鎖骨が見えない程度の開き具合がちょどいい。開きすぎているものはだらしない印象に。

CHECK 1

両脇を軽くつまめる身幅

シャツと同様、ウエストをつまんだ際、軽くつまめる程度のあまりがジャスト。

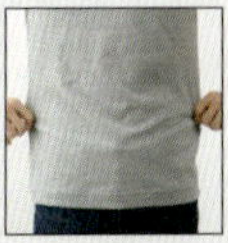

LENGTH

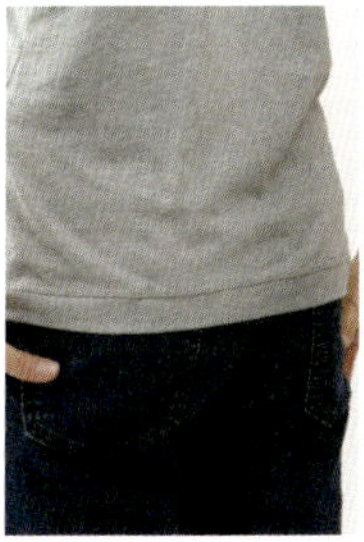

CHECK 4

着丈は骨盤と股の中間

Tシャツは基本的にパンツから出して着るため、着丈も重要。短すぎておなかが出てしまうのは論外だが、長すぎもNG。

SLEEVE

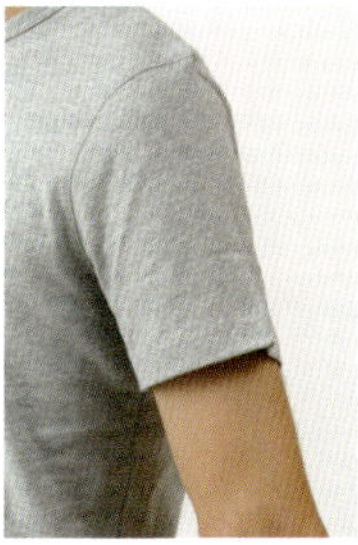

CHECK 3

適度に二の腕にフィットする袖

袖口にあまりがあるとだらしなく見える。逆にフィットしすぎるシルエットも好みが分かれるため避けたい。

カジュアルパンツの サイズチェックポイント

BACK

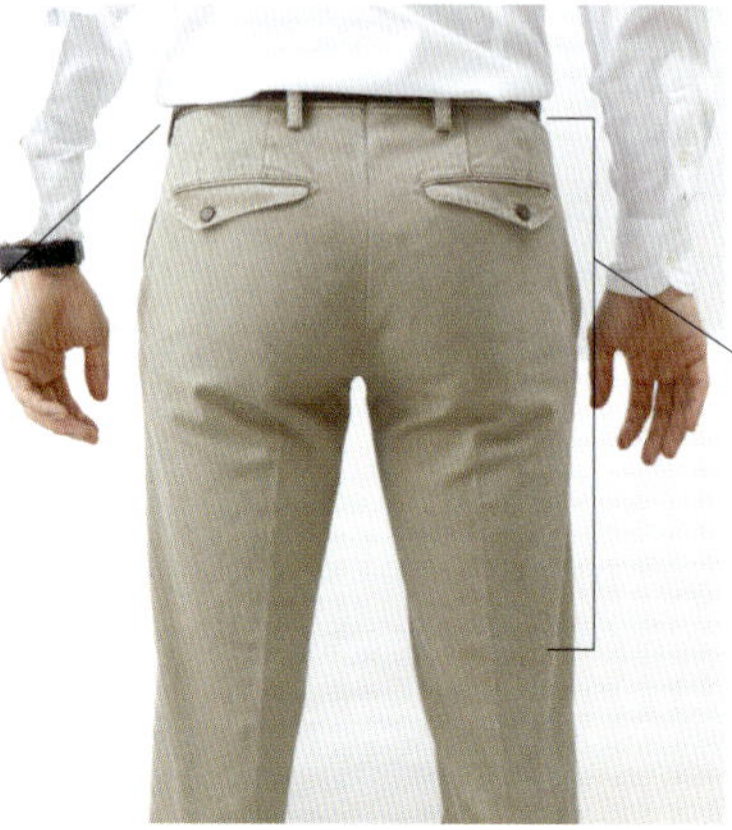

CHECK 2

ウエストは 後から合わせる

ウエストが合わない場合はお直しを。ゆとりがありすぎるとベルトを締めた際にシワが寄りデザインが崩れるため、面倒がらずに調整を。

CHECK 1

フィットした ヒップと太もも

パンツで重要なのがヒップと太ももの適度なフィット感。バックスタイルがスッキリすると、着こなし全体が締まる。

LENGTH

ワンクッション

ハーフクッションよりも長めに仕上げる「ワンクッション」は、オンスタイル向き。

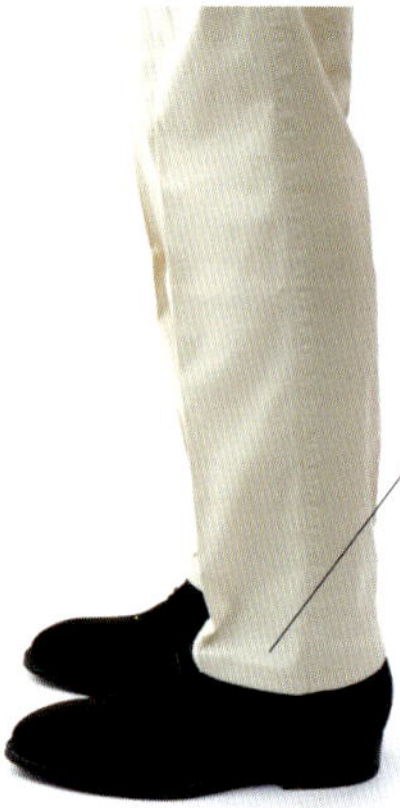

CHECK 3

丈はハーフ クッションで

裾丈はパンツの種類にもよるが、基本的には靴を履いた状態で軽いたわみ＝「ハーフクッション」ができる程度に仕上げるのがおすすめ。

アウターのサイズチェックポイント

ひと口にアウターといっても種類はさまざまだが、総じて近年は細身のものが主流。特に寒い季節は中に着こむからと、ついゆとりのあるものを購入しがちだが、ダボッとしたシルエットは洗練された印象にならない。「ユニクロ」の「ヒートテック」シリーズなどに代表される薄くて機能的なインナーも活用し、コンパクトにまとめることを意識しよう。

ショート丈

CHECK

コンパクトなシルエットを重視

ショート丈のアウターこそサイズ感が重要。大人っぽく、きれいにまとめるためには、コンパクトなシルエットを意識する。特にカジュアルすぎる印象になりがちなダウンジャケットは細身を選ぼう。

ロング丈

CHECK

着丈はももの中間くらいを

きれいめな着こなしをつくるロングコートは、細身で、太ももの中間くらいの着丈を選ぶ。膝よりも長いと古臭い印象で重苦しく野暮ったく見え、逆にお尻が見えるほど短いと幼く見えてしまう。

POINT 2

「ベーシック」なアイテムを選ぼう

次に意識すべきが、「デザイン」です。店に足を運ぶと、まず目につくのはどんなアイテムでしょうか。派手な色や柄、凝った刺繍、目立つボタンの色、色の切り替え、折り返しで見せる裏地の柄……。そんな「パッと目立つ」アイテムに心を惹かれてしまう人も多いと思います。

ですが、着こなしはアイテム単体では成立しません。単体で見たときに個性が強いものは、ほかのアイテムとは非常にコーディネートしづらく、全体から浮いてしまいます。結果、どんなに高価な服だとしても、着こなし全体が安っぽい印象になってしまうのです。

大人の着こなしに必要なのは、華美なデザインとは真逆の、「とことんシンプルでベーシックなデザインのアイテム」です。

一見特徴のない、どこにでもあるプレーンなシャツやパンツ同士の組み合わせが最も着こなしをきれいにまとめ、コーディネートのバリエーションも広げることができます。

ただし、忘れてはならないのが、すでに紹介した「サイズ」です。シンプルなアイテムだからこそ、シルエットのバランスが命。手持ちの中にシンプルなアイテムがあったとしても、サイズに問題がないかもう一度確認を。

シンプルで上質感のある見た目にこだわる

使いにくく飽きやすいアイテムの特徴

無駄な装飾がアイテムを安っぽく見せる

明らかに主張の強い柄や、ゴテゴテと装飾が施されたデザインのものは言うまでもないが、気をつけたいのが一見普通でもディテールに細かな意匠を取り入れたもの。余計な装飾が少しでも入るとたんに安っぽくなるため、注意したい。

- □「遊び」を入れたシャツ
  衿のステッチ、ボタン糸が別色になっている、前立ての柄など、細部に遊びが入っているもの。
- □「切り替え」のあるパーカー
  フードの裏側に柄が入っていたり、おなかのポケットが別色になっているもの。
- □「柄」がのぞくパンツ
  裾を折り返すと裏地のチェック柄や水玉柄が出てくるもの。ポケットから見える裏地の柄もNG。
- □「ライン」の入ったカーディガン
  首回りや袖などにラインや柄が入っているもの。

使いやすく長く着られるアイテムの特徴

上質に見えるのはプレーンなデザイン

大人の着こなしを上質で美しく見せるのは、一見「ごく普通」に見えるシンプルなデザイン同士の組み合わせ。アイテム自身に中途半端な装飾は必要ない。「アイテムの個性≠おしゃれ」と心得、まずはベーシックな服を選ぼう。

《 プレーンなシャツ 》

《 プレーンなパンツ 》

POINT 3

アイテムの「着心地」を重視しよう

「ジャストサイズを選ぶ」ことのメリットを紹介しましたが、これまでゆるめの服を選んできた人は、「ピッタリした服って、きつくて疲れそう」と感じてしまうかもしれません。

そこで注目したいのが、伸縮性のある「ストレッチ素材」。

最近は、ハイブランドからファストファッションブランドまでショップには着心地を重視した機能的な素材が使われたアイテムが充実しています。

ストレッチがきいたアイテムは、見た目はかっちりしていても体の動きに合わせて想像以上に伸びるので、「布が硬くて疲れる」こともありません。

具体的には、素材に弾性繊維の一種「ポリウレタン」が含まれていれば、伸縮性があると考えられます。

試着したときに腕や足を曲げたり、肩を伸ばしたりしてみてください。ジャストサイズでも想像以上に着心地はいいはずです。

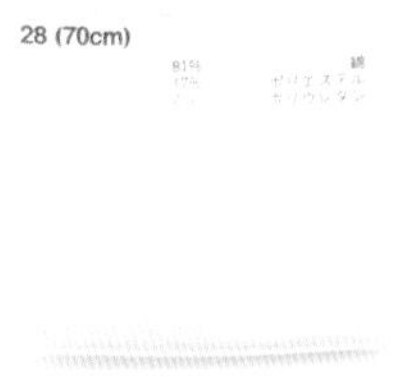

服の内側についた素材表示を確認しよう。「ポリウレタン」が含まれていれば、伸縮性があると考えられる。

伸縮性に注目する

PANTS

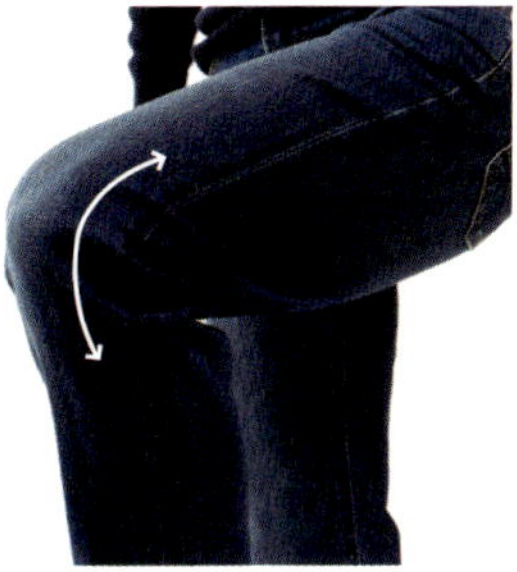

スリムでも圧迫感がなく疲れないジーンズ

細身のスリムジーンズはコットン100％だと硬く、圧迫感を感じてしまいがち。伸縮性のある「ストレッチデニム」と呼ばれるタイプならば、着脱も楽で、膝の曲げ伸ばしも痛くならない。

JACKET

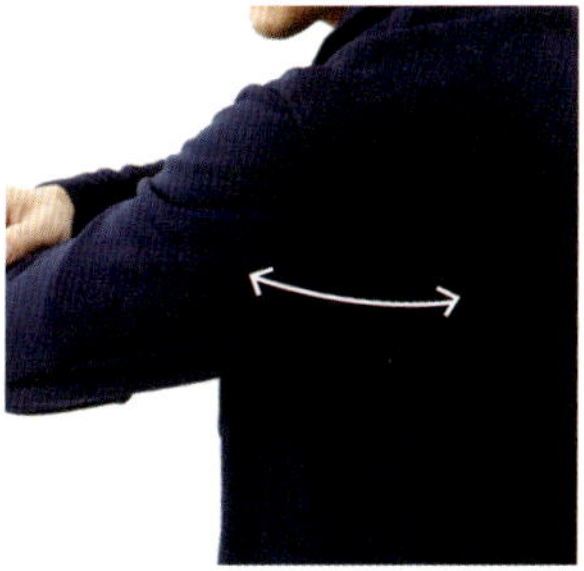

ジャストサイズでも肩が凝らないジャケット

ジャストサイズだと肩やひじのつっぱりが気になるジャケットも、伸縮性があれば動きやすい。ただしシルエットがルーズになってしまうと本末転倒。形・サイズにはこだわろう。

POINT 4

着こなしの基本はベーシックな「色」で

同じデザインの服が何色も展開されている場合、自分好みの色を選びたくなりますが、色選びも「ベーシック」が基本。ベーシックな色をひと通りそろえた後、「差し色」として色ものを取り入れます。

本書で考えるベーシックな色とは、無彩色の「白・黒・グレー」＋有彩色の「ネイビー・ベージュ」の合計5色。この5色を基本に、以下の3つのルールを頭に置いて着こなしを組み立てます。

①コントラストを意識する。

全身黒のみ、全身白とベージュのみなど全身を同じような色で統一せず、白シャツ＋ブルーデニムなど必ず色の対比をつけることを意識しましょう。

②「引き締め色」を入れる。

黒は思いのほか主張が強いので、面積を大きくとると重たくなります。その点、ネイビー、グレーは黒よりもやわらかく引き締めることが可能です。

③差し色は、色数・面積を絞る。

無彩色の「白・黒・グレー」以外に有彩色を加える場合は、同系色（ネイビー・ブルーなど）を1色と数え、3色まで。特にピンク、ブルー、レッドなど強い色を加える際は、上に基本色のアイテムを重ね着するなどして面積を絞ると色の主張が和らぎます。

最初にそろえたいベーシックな5色

《 無彩色 》

色みがないため、どんな色を合わせてもケンカしない。

［グレー］

上品でシックな印象。引き締め色ながら、黒よりも明るくやわらかい。

（そろえたいアイテム）
パンツ、Tシャツ、ニットなど

［黒］

フォーマルな色だが、主張が強いため、近よりがたくも見える。

（そろえたいアイテム）
パンツ、ニット、革製品など

［白］

シンプルな色ながら用いるアイテムによってはハッと新鮮な印象に。

（そろえたいアイテム）
シャツ、パンツなど

《 有彩色 》

色みがあるため、合わせる色数は絞りたい。

［ベージュ］

やわらかく明るい色ながら、落ち着いた大人のイメージに仕上がる。

（そろえたいアイテム）
パンツなど

［ネイビー］

さわやかで信頼できる印象。黒よりも明るくやわらかい引き締め色。

（そろえたいアイテム）
ジャケット、コート、ニット、パンツなど

COLUMN

万能色＝ネイビー

黒よりもやわらかく、知的でさわやかな印象を与えられるネイビーは、色数を絞ればどんな色とも相性がいい万能色。ジャケットやコート、カーディガンなど着回し率が高いアイテムにこそ、ぜひそろえたい。

ネイビー
＋
ベージュ
＋
ピンク

ネイビー
＋
グレー
＋
白

ネイビー
＋
ベージュ
＋
ブルー

POINT
5

どこで「買い物」をすべきか

実際に服はどこで買うのが正解なのでしょうか？　大人が足を運ぶべき売り場として、以下の3つのカテゴリーのショップをおすすめします。

①ファストファッションブランド
②セレクトショップ
③スーツショップ

まず①のファストファッション。大人の男性におすすめしたいのは「ユニクロ」です。他のファストファッションが流行一辺倒の品ぞろえの中、ユニクロでは逆をいく良質な「ベーシックアイテム」が多いからです。中にはプロの目から見てもコストパフォーマンスの高さに驚かされるものも少なくありません。

次に②のセレクトショップ。おすすめは「ユナイテッドアローズ」です。ファストファッションに比べて値は張りますが、存在感のあるアイテムがそろいます。使用頻度が高く人目につきやすい服や小物はここで投資するのがおすすめです。

最後に③のスーツショップは、「ユニバーサルランゲージ」。スーツだけではなく、ジャケットやコートなどキレイめなカジュアルアイテムにも注目です。高いクオリティの商品を手頃な価格でそろえられるのも大きな魅力です。

ファストファッション活用術

「ユニクロ」で注目したいアイテム

高機能インナー

トップスをコンパクトに抑えるには高機能なインナーが必須。秋冬の「ヒートテック」、春夏の「エアリズム」とも優秀アイテム。

「エアリズムVネックT（半袖）」

ニット

使いやすいベーシックなデザインを選ぼう。高級素材カシミアを使用しているにも関わらず、ユニクロだからこそ実現できた手頃な価格にも注目。

「コットンカシミヤVネックカーディガン」

ジーンズ

おすすめは「スリムフィット」やタイトすぎない「スキニー」。シャープなシルエットがジャケットなどきれいめのアイテムとも合う。

「ミラクルエアースキニーフィットジーンズ」

ユニクロ

高品質な品を手頃な価格でそろえる。全国に800店舗以上を展開（2015年12月現在）。
☎0120-090-296
（お客様相談室）

ユニクロ UNIQLO
LifeWear

COLUMN

「試着」にも最適なユニクロ

店員から押しつけられたりすることのないユニクロは、コーディネートの練習にも最適な場。可能なら2サイズ以上を試着室に持ち込んで、じっくり検討したい。足を運ぶなら、限定商品やサイズが豊富にそろう直営店、大型店がおすすめ。

セレクトショップ、スーツショップ活用術

「ユナイテッドアローズ」で注目したいアイテム

カジュアルシャツ

大人っぽい雰囲気を手頃に出せるシャツが多くそろう。シルエットにこだわるならぜひチェック。

小物類

ショップのプライベートブランドなら手頃な価格で良質なものが手に入りやすい。

ユナイテッドアローズ

豊かさと上質感をキーワードに掲げる大人のためのセレクトショップ。全国に36店舗を展開（2016年2月現在）。
http://www.united-arrows.jp

UNITED ARROWS

COLUMN

セレクトショップとは？

バイヤーがショップのコンセプトに応じてセレクトした複数のブランドの商品を取り扱う形態が特徴。プライベートブランド商品を展開する店も多い。「ユナイテッドアローズ」をはじめ、「ビームス」「シップス」などがこれにあたる。

「ユニバーサルランゲージ」で注目したいアイテム

ジャケット

サイズ展開が豊富。フィッティングもしっかり行える。

リネンコットンジャケット／ETONNE

コート

きれいめのコートに特化した品ぞろえ。価格帯も幅広い。

ラグランスリーブステンカラーコート／ETONNE

ユニバーサルランゲージ

高いクオリティとリアルな価格を両立したビジネス系商品をそろえる。カジュアルアイテムも注目したい。
www.uktsc.com/

UNIVERSAL LANGUAGE

· OVER 40S' ·

Chapter 3

ビジネスカジュアルをマスターする

ここからは、あらためて考えると難しい
ビジネスの場に相応しい着こなしについてです。
特に近年主流になりつつあるスーツと休日着の中間、
「ビジネスカジュアル」の基本を取り上げます。

· NEW FASHION RULE ·

大人の「ビジネスカジュアル」とは

仕事着＝スーツのみだったのは、すでに過去の話。普段はスーツでも「カジュアルデー」が設けられていたり、そもそもオフィスの服装は自由、という会社も多いようです。

そこで求められるのが、スーツとも休日着とも異なる「ビジネスカジュアル（ビジカジ）」という着こなし。しかしほどよく砕けた仕事着、というのは、あらめて考えると非常に難易度の高いものです。職種や会社の空気によってどこまで許されるかのボーダーも変わってくるでしょう。「ビジネスカジュアル」とは、一体どのように考えるべきなのでしょうか。

まず、オフィスの空気によらず、大前提としていえるのは、「ビジネスの着こなしとして周囲に違和感や不快感を与えないコーディネートであること」です。カジュアルとはいえ仕事着である以上は、周囲に「この人はなぜビジネスシーンでこんな格好をしているんだろう」と疑問を抱かせてしまったらアウトです。その大前提に照らし合わせてみると、例えばスーツからネクタイを外しただけのやる気のない格好はそもそもスタイルとして不正解ですし、過剰にゴテゴテさせた派手なスタイルも、当然、違和感につながってしまいます。

この章では、どんな職種でも、どんなスタイルの人でもまず間違いのない基本のビジネスカジュアルの着こなしと、そこからラフに砕けたパターンをカジュアル度別にいくつか紹介します。

考え方は非常にシンプルです。ぜひ臆せず挑戦してみてください。

POINT 1

「今の着こなし」を再確認

普段セットスーツの人が、「明日はカジュアルな着こなしで」と言われるとやってしまいがちなのが、「スーツからネクタイを外しただけ」のスタイルです。

かっこ悪い以前に、そもそもこれはスーツの着こなし方として不正解。ネクタイを外した状態＝ドレスダウンとはなりません。以降に詳しく紹介しますが、シャツにもタイドアップに適した型、ノータイに適した型があることも無視してしまっています。ジャケットも、スーツ用のジャケットはパッド入りでカッチリしたシルエットなのでカジュアルには使えません。スーツのジャケットを着まわしせず、単体で成立するものを用意するべきです。

かといって〝遊び〟のきいた装飾過多なデザインのジャケットやシャツ、革靴などを投入すると、今度はキザな雰囲気が漂いはじめてしまい、これまたビジネスシーンからは遠ざかってしまいます。

ビジカジでも正解は第2章で紹介した「ジャストサイズ」「ベーシックな色・デザイン」「上質で着心地のいいもの」の3点。今の着こなしに違和感を感じたり、自信が持てない人は、この条件からどれかが外れてしまっている可能性が高いです。現在の着こなしを確認してみましょう。

ビジネスカジュアル、陥りがちなNGポイント

スーツスタイルから ネクタイを外しただけ

スーツはあくまでネクタイとセットで。ジャケットも単体では使えない。パンツをジーンズなどカジュアルなものに変えるだけ、もNG。

装飾過多なシャツ

「ドゥエボットーニシャツ」のような衿が高いものや、ステッチがついているなど“遊び”のあるデザインは安っぽく見えてしまう。

キザな足下

よく見かけるのが、細身のパンツにつま先のとがった革靴の合わせ方。一気にキザな雰囲気になり、男女問わずウケは悪い。

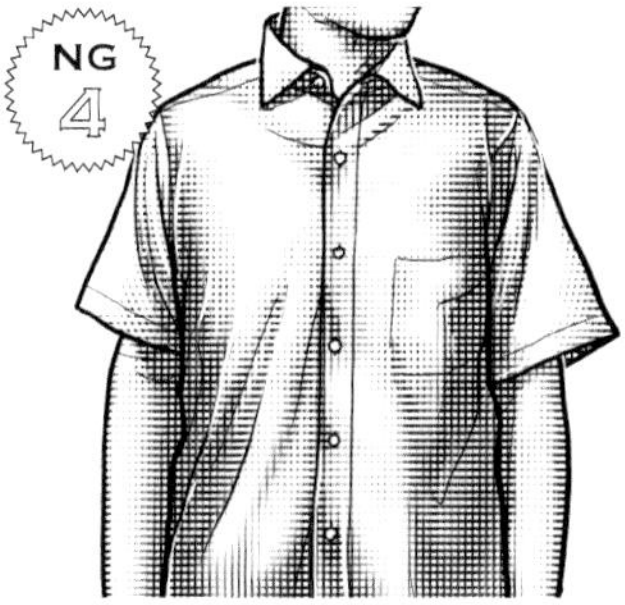

オーバーサイズの 半袖シャツ

昨今半袖シャツは「クールビズ」に欠かせないアイテムだが、オーバーサイズだと一気におじさん臭い印象に。特に気をつけたい。

POINT 2

ビジネスカジュアルの「基本スタイル」

「ビジネスカジュアル」の最もベーシックな着こなしは、「ネイビーのジャケット＋シャツ＋グレーのスラックス」が正解です。ビジネスライクな印象ながら、セットスーツとは異なる明るく軽やかな雰囲気に仕上げることができ、どんな体型の人にも似合うスタイルです。

ジャケットには一見無難な「黒」をもってくる人も多いですが、実は黒は大人が着こなすのは難しい色のひとつ。若いうちならモードな雰囲気が醸し出せるかもしれませんが、40代以上になると、重々しい印象が強くなります。またシャツやパンツの色も合うものが限られてきてしまいます。

万能なのは断然ネイビー。着こなし全体が明るくなり、印象を引き締めます。合わせるシャツは、白シャツでももちろん問題ありませんが、普段とは違った雰囲気に仕上げるにはブルーのストライプシャツもおすすめです。

パンツはミディアムグレーやチャコールグレーなど濃いグレーのスラックスを合わせると、フォーマル度が高い印象に。

足元は、スーツ用の黒の革靴をもってくると重苦しいため、茶色のローファーやスエードシューズで、カジュアルにまとめます。

ビジネスカジュアル、定番の着こなし

ネイビーのジャケット

フォーマルな印象ながら黒よりも明るく、全体をしっかり引き締める。合わせるシャツやパンツを選ばない万能アイテム。

ブルーのストライプシャツ

薄いブルーの細かい柄を選べば主張しすぎず取り入れやすい。大人が着るからこそ若々しく、さわやかな印象に。

グレーのスラックス

グレーの中でもチャコールグレー、ミディアムグレーなど濃いめの色を選ぶとどんなアイテムとも合わせやすい。

茶色のスエードシューズ

足下がほどよくカジュアルな印象に。

ジャケット／RING JACKET、シャツ／ALSOLE 、パンツ／PT01、シューズ／ROGERSPENCER（以上、私物）、ベルト／Whitehouse Cox（グリフィンインターナショナル）

CHECK

ベルトと靴の「茶色」を効果的に使う

スーツスタイルでもベルトと靴の色を合わせるのは王道だが、ビジネスカジュアルも同様。ジャケット、シャツ、パンツと分散した色を茶色で締めることでバランスよくまとまる。

POINT
3

「シャツ」の基本をおさらい

定番の着こなしから紹介しましたが、ビジカジに用いるシャツ、ジャケット、パンツについてあらためておさらいです。

まずはシャツです。ビジネスシーンで着用するのは、「ドレスシャツ」と呼ばれる、裾をパンツに入れて着る用につくられた着丈が長めのもの。その中にもさまざまな種類があり、タイドアップ時、ノータイ時に相応しいものがそれぞれあります。

違いは衿の型です。スーツスタイルでお馴染みなのは、「レギュラーカラー」や「セミワイドカラー」など、衿の開きが比較的狭いものかと思います。しかしこれらはタイ着用を想定してつくられた衿型のため、そのままノータイで着てしまうと、Vゾーンの収まりが悪い状態に。

ノータイで着るならば、おすすめは「ワイドカラー」と「ボタンダウン」。

ワイドカラーは馴染みが薄いかもしれませんが、タイドアップ、ノータイどちらも使える衿型。広角に開いた衿先がネクタイ着用時はグッと締まり、ノータイで第1ボタンを開ければ首元がきれいに見えます。

ボタンダウンはカジュアルな印象がグッと強くなり、親しみやすい雰囲気に仕上がります。

シャツは衿の型で使い分ける

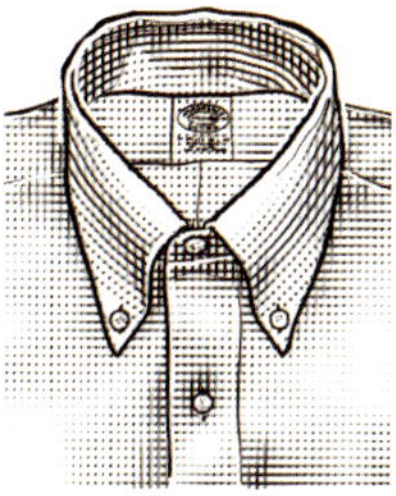

ボタンダウン

老舗ブランド「ブルックス ブラザーズ」が生み出したアメリカントラッドの代表アイテム。ボタンで衿を留めるのが特徴。ポロの競技用シャツをヒントにつくられたルーツがあり、カジュアル寄りの位置づけのためノータイ着用が適している。

セミワイド

定番のレギュラーカラーよりも広く、ワイドカラーよりは狭い衿の開きが特徴。タイドアップ時、首元がスッキリ締まり、ジャケットのVゾーンにも収まりがいい。逆にノータイで第1ボタンを開けると中途半端な印象に見えてしまう。

ワイド

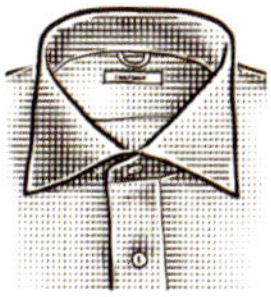

衿の開きが120度以上と広め。～180度のものはタイドアップ、ノータイ両方で着用可能。カッタウェイシャツもおすすめだが、衿の開きが180度以上のものはネクタイをするとノットの両脇が見えてしまうためノータイで。

POINT 4

「ジャケット」の基本をおさらい

次に「ジャケット」です。ビジカジとはいえどんなシーンでもほぼ外しのないフォーマル寄りに仕上げるためには、ジャケットは欠かせません。ただし、せっかくスーツからドレスダウンさせるのだから、印象の違うものを取り入れたいもの。

季節を問わず万能なのは、ネイビーのテーラードジャケット。ビジカジ用としては肩パッドなどがほとんど入っていない、ソフトなシルエットの「アンコンジャケット」と呼ばれるタイプのものが主流です。動きやすく、見た目もスーツほどカッチリしすぎない印象に仕上げることができます。

選ぶ際はP27を参考に必ずサイズを合わせ、ベーシックなデザインのものにこだわりましょう。特に気をつけたいのは、細部のデザインです。あえてラペル（下衿）が極端に細くされていたり、丈が短く仕上げられていたりするものも見かけますが、大人には相応しくありません。

ネイビージャケットの着こなしに慣れたら、2着目はぜひグレージャケットにも挑戦してみてください。黒を選ぶ人も多いですが、重苦しく、ほかのアイテムとも意外に合いにくいためおすすめできません。

ビジネスカジュアルに相応しいジャケット

取り入れたい **ジャケットの素材**

ウール　春 秋 冬

ほどよくやわらかい見た目で、軽く、耐久性にも優れた万能素材。春秋冬のスリーシーズン用として1枚は取り入れたい。

ツイード　秋 冬

生地に厚みがあるため重厚感があり、保温性、耐久性に優れた素材。イギリスの有名ブランド「ハリスツイード」が代表的。

クールマックス®　春 夏

涼感素材として「インビスタ社」が開発したハイテク機能のファブリックブランド。夏場にジャケットを合わせる際は重宝。

シアサッカー　夏

表面が波のような細かなしじらが入った薄手の素材。シワになりにくく、見た目もさわやかなので、夏にぴったり。

ネイビーのテーラードジャケット

スーツのジャケットは立体感を保つための肩パッドが入っていたり、薄手でなめらかな生地が使われているのが特徴で、カッチリした印象が強い。対してアンコンタイプのテーラードジャケットは立体感がソフト。ウールやツイードなどの生地でやわらかい印象に仕上げられ、ラフに着用できる。ネイビーならフォーマルながらも明るく見え、どんな色とも合わせやすい。

POINT 5

「パンツ」の基本をおさらい

最後にパンツです。最初にそろえるべきは、チャコールグレーやミディアムグレーなど、濃いめのグレースラックス。

黒よりも明るい印象で、ジャケットやシャツにどのような色みをもってきても合わせやすく、もちろんネイビージャケットとの相性も抜群です。コットンよりもウール素材を選べばフォーマル度が高い着こなしに仕上がります。

シルエットは、裾に向かってテーパードされた細身のものを。裾の仕上げはシングルでもダブルでも好みで問題ありませんが、ダブルに仕上げ、少し足元にボリュームを出すとよりカジュアルな印象がアップします。

ただし足元にボリュームをもたせると脚と足との境界が強調される面もあるため、脚をスラッと長く見せたいのであれば、シングルがおすすめです。

丈の長さは「クッション」と呼ばれる〝たわみ〟を軽く出した「ハーフクッション」で仕上げ、もたつきを抑えましょう。

さらにドレスダウンさせたいとき用の2本目としておすすめなのがベージュのチノパン。同じネイビージャケットを合わせても、着こなし全体がさらに明るい印象に変わります。

ビジネスカジュアルに相応しいパンツ

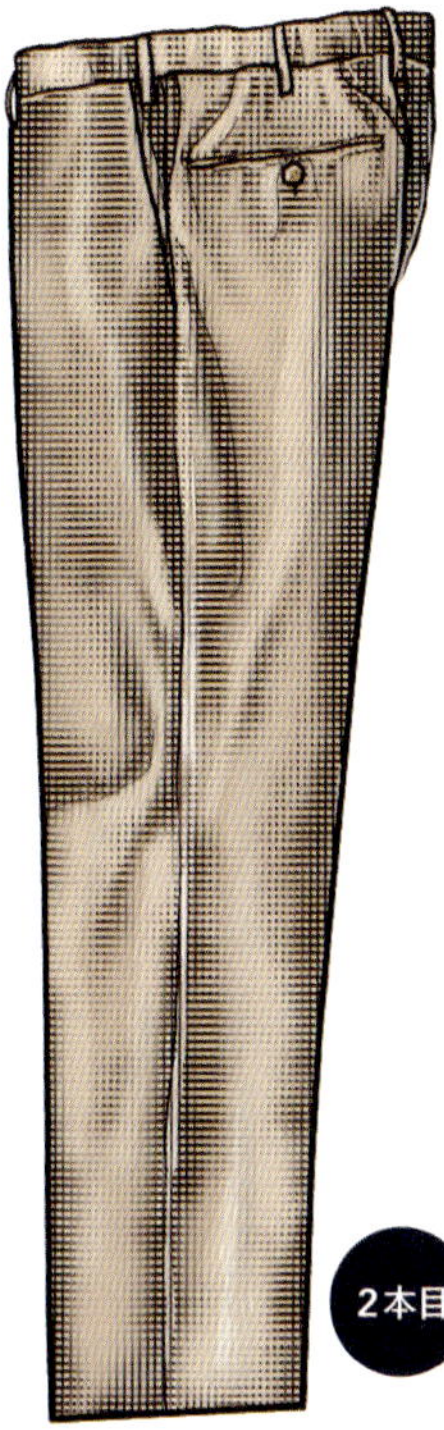

2本目

ベージュのチノパン

グレースラックスを合わせた着こなしをそのままチノパンに替えるだけで、ドレスダウン可能。ビジネスライクに仕上げるなら、センターにきちんとクリースラインが入ったものを選びたい。ダボッとさせると一気にだらしなく見えるため、サイズには要注意。

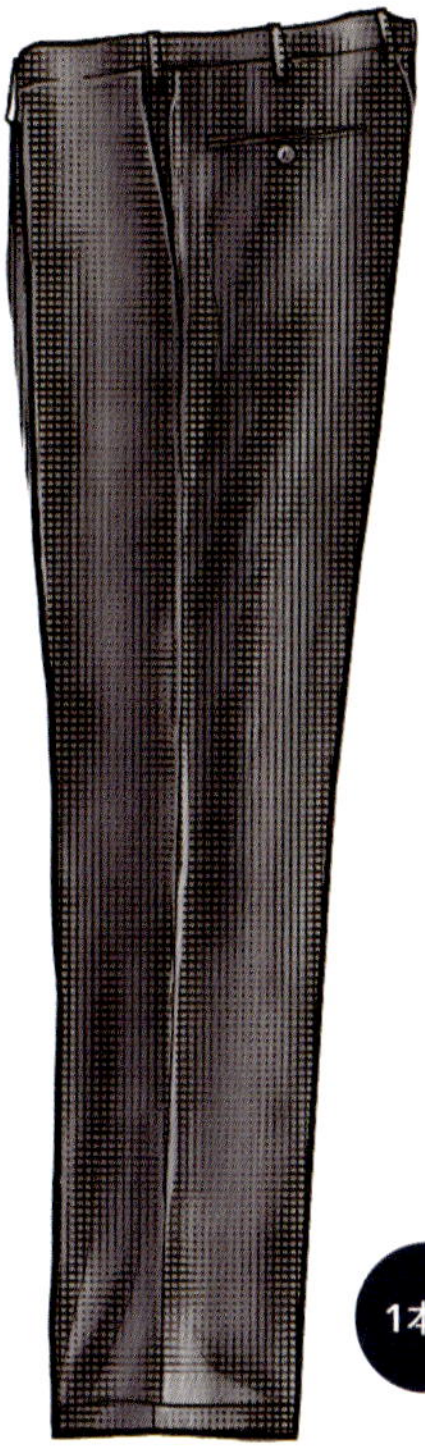

1本目

グレーのスラックス

1本は持っておきたいビジカジの必須アイテム。ライトグレーよりも濃いミディアム、チャコールを選べば下半身が引き締まる。シルエットを美しく見せるのはノータックでセンターにクリースラインが入ったもの。クリースは履き込むと甘くなるため、定期的にプレスを。

POINT 6

ビジネスカジュアルを「ラフに」着こなす

まずは「定番の着こなしとアイテム」を紹介しましたが、「ビジカジといっても相当フォーマルで、うちのオフィスには合わない」という人も多いかもしれません。ここからはもう少しカジュアルに寄せた着こなしを紹介します。

ラフなビジカジだからと、いきなりTシャツやジーンズを投入してしまうとただの休日スタイルとなってしまいます。ではどのように考えればいいのでしょうか。考え方として失敗しにくいのが、「定番の着こなし」（P47）からアイテムの色や素材を少しずつ変えてラフ度を上げていく、という方法です。

例えば、定番の着こなしで紹介したジャケット＋ストライプシャツ＋スラックスから、スラックスをチノパンに、シャツをカラーシャツに替えると、全体が一気に明るくなり、ラフ度が上がります。しかしジャケットとシューズがしっかり締めるため、カジュアルすぎる印象にはなりません。

さらに一気にラフ度を上げるなら、ジャケットをカーディガンに、クールビズ対応ならシャツをポロシャツになど、アイテムをひとつずつカジュアルなものに落としていくことで、自在に印象を変えることができます。

ラフな着こなしに取り入れたい定番アイテム

SHIRT

カラーシャツ

カラーシャツはシャツ1枚だと派手に思えてしまうが、上にジャケットやカーディガンなどを羽織り、見える面積を絞ると効果的な差し色になる。ピンクストライプも、大人の男性が着れば意外に落ち着いた印象。特に肌の色が浅黒い男性によく似合う。

ギンガムチェックシャツ

20代が着ると子どもっぽくなりがちなギンガムチェックは、今だからこそ着たいアイテム。若々しくさわやかな雰囲気に仕上がる。ポイントは、なるべく柄の細かいものを選ぶこと。色は濃いめのネイビーがおすすめ。

JACKET

ジャージ素材のジャケット

ウールやツイードのものに比べてややわらかく形も圧倒的にラフ。形はジャケットでも、位置付けとしてはカーディガンと同様に考えたい。

KNIT

カーディガン

ジャケットをカーディガンに替えると、一気にカジュアルに。ラフ度は編み目の細かいハイゲージニット＜ざっくり編まれたローゲージニット。

SHOES

スエードシューズ

レザーよりもやわらかい印象のスエードシューズは1足あれば万能。色は濃いめのブラウンが合わせやすい。休日スタイルにも活用できる。

PANTS

ライトカラーのコットンパンツ

コットン素材がラフな上、ライトカラーで明るい印象に。ベージュやネイビーをそろえておくと使い勝手抜群。

ラフな着こなしの基本①

［ カジュアル度★☆☆ ］

春

CHECK

上にジャケットを羽織ればシャツのカラーの面積がグッと狭くなるため、派手な印象にはならない。

ネイビーの
ジャージジャケット
＋
ピンクのストライプシャツ
＋
ライトカラーのチノパン

ニット×ピンクでやわらかい印象に

ピンクストライプのシャツ＋ライトカラーのパンツで明るい印象にまとめつつ、ネイビーのジャケットで全体を引き締めたスタイル。ジャケットの素材にジャージ素材を選ぶことで、カッチリしすぎないやわらかな仕上がりに。社内での打ち合わせ時など、打ち解けた場におすすめ。

ジャケット／RING JACKET、シャツ／Finamore、パンツ／PT01、シューズ／ROGERSPENCER（以上、私物）、ベルト／Whitehouse Cox（グリフィンインターナショナル）

ラフな着こなしの基本②

［ カジュアル度★★★ ］

春 夏

CHECK

袖をまくって腕を見せると、男性らしさを強調できる。

ギンガムチェックシャツ
＋
ネイビーのコットンパンツ

ギンガムチェックは同系色のパンツと合わせる

「若すぎるかも」と尻込みしがちなギンガムチェックだが、同系色のネイビーのコットンパンツと合わせれば、浮き過ぎず落ち着いた印象に。足元を茶色で締めるのもポイント。ジャケットをプラスするならミディアムグレーがおすすめ。普段のオフィスで映えるさわやかな着こなし。

シャツ／SO wear、パンツ／PT01、シューズ／ROGERSPENCER（以上、私物）、ベルト／Whitehouse Cox（グリフィンインターナショナル）

ラフな着こなしの基本③

[カジュアル度★★☆]

春 夏

CHECK
シャツのような衿型を選べば、上にカーディガンやジャケットを羽織ったときにきれいなVゾーンに仕上げることができる。

黒のカーディガン
＋
ネイビーのポロシャツ
＋
ベージュのチノパン

ネイビーのポロシャツでクールビズスタイルを引き締め

ポロシャツをシャツ代わりに、ハイゲージのニットカーディガンをジャケット代わりに投入した夏のクールビズ対応スタイル。ポロシャツは白やライトグレーなどの明るい色を避け、ダークなネイビーを選ぶことで引き締まり、若々しい印象に。

ポロシャツ／Cruciani、カーディガン／JOHN SMEDLEY、パンツ／PT01、シューズ／ROGERSPENCER（以上、私物）、ベルト／Whitehouse Cox（グリフィンインターナショナル）

POINT 7

必ず行いたい「お直し」

大人の着こなしはジャストサイズが要ということはすでに述べました。しかし、ショップのサイズ展開はＳＭＬなどおおまかなものが多く、一人ひとり異なる体型にぴったり合うものを探すのは困難。着丈はＭがジャストでも身幅が大きすぎたり、パンツのヒップを合わせるとウエストがきついということもあると思います。

そこで、服を買う際に必ず行いたいのが「お直し」です。お直しできるのはスーツだけと思っている人もいますが、ビジカジのメインアイテム、シャツ、ジャケット、パンツはお直し可能です。お直しは店で試着をし、購入を決めたら、その場でお願いするのがおすすめ。店側がお直し代の何割かを負担してくれるため、街の専門店に出すよりも安く仕上げることができます。

ただしお直しは可能な箇所といじらない方がよい箇所があります。シャツの首まわり、ジャケットの肩幅、パンツのももまわりなどは、たとえ技術的には可能だったとしてもいじるとそもそものデザインが変わってしまうため、大きなお直しは不可と考えましょう。

お直しできない箇所に合わせてサイズを選び、合わないところを直す、というのが基本の考え方です。

お直しすべきポイント

SHIRT

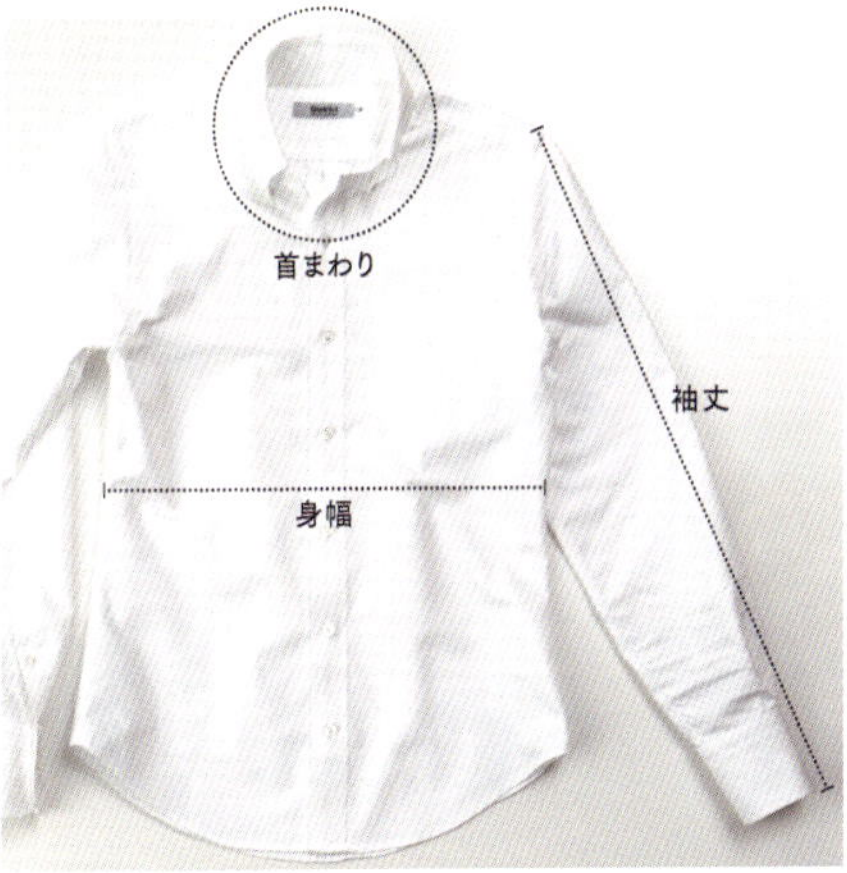

身幅と袖丈

身幅は両脇から詰めていくため、前立てのデザインには影響しない。袖丈はカフスの位置を調整していく。袖口の太さはボタン位置を動かすだけで調整できる。

《お直し不可》首まわり

PANTS

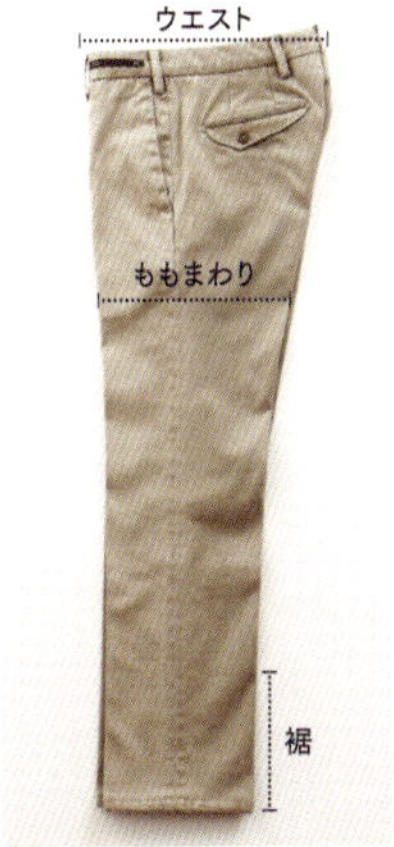

ウエストと裾

必ずベルトをして試着し、ウエストのあまりと裾の長さを確認。ウエストは±3cm程度までならほぼデザインに影響ない。

《お直し不可》ももまわり

JACKET

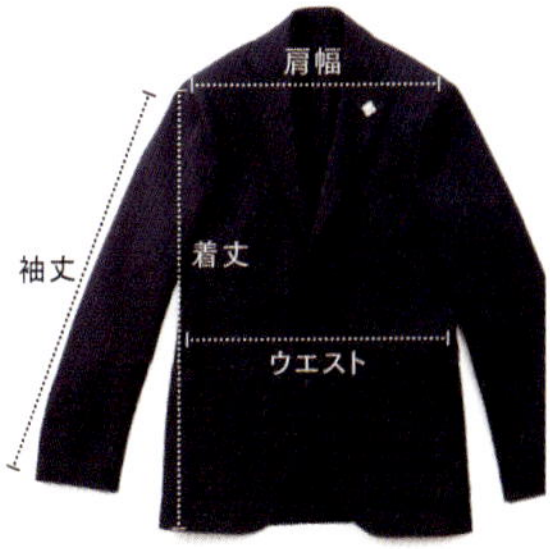

ウエストと袖丈、着丈

ウエストシェイプ、袖丈は要調整。着丈は1.5cm程度までならOK。

《お直し不可》肩幅

POINT 8

マナーとしての「インナー」

シャツの下に何を着るべきか、または何も着ないべきなのか。本来シャツは下着として扱われていたというルーツがあるため、ファッションの教科書的には「下には何も着ない」が正解。しかし、何も着ないと上着を脱いでシャツ1枚になったときに肌が透けてしまうため、見苦しく見られてしまいます。

かといって、ノータイで第1ボタンを開けた衿元から丸首の白いTシャツがのぞいたり、肩まわりにタンクトップのシルエットが透けるのもスマートではありません。

では、ビジカジのインナーは、いったい何を選ぶのが正解なのでしょうか。答えは「ベージュのVネックのインナーシャツ」です。

ベージュの肌着はそれ1枚で見ると非常におじさん臭く感じてしまいますが、白よりも透けにくく上に薄い色みのものを着ても影響しない優秀なアイテムです。さらに首まわりや袖口に縫い目のない「シームレス」のものなら、シャツを着たときに衿や二の腕がもたつくこともありません。

ただシームレスタイプのインナーは比較的高価なため、手頃なベージュのインナーの首まわりや袖を自分で切って自作するのもおすすめです。

シャツの下には「ベージュのインナー」を

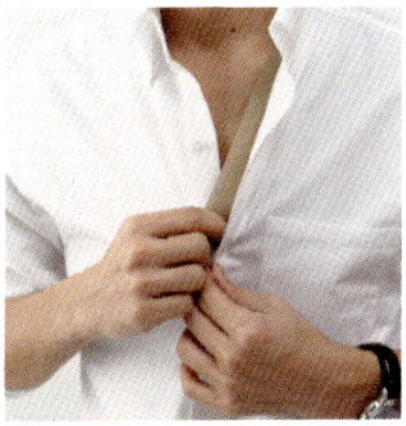

ベージュは肌になじむため、白いシャツを着ても透けにくい。

ベージュ系の深めのVネック型

シャツの第2ボタンまで開けても見えない深めのVネックだと安心。写真は端が切りっぱなしの処理をされたグンゼの「SEEK」。ユニクロの肌着の端を切って自作するのもおすすめ。

「SEEK」／グンゼ（私物）

「パターンオーダーを利用しよう」

カウンセリングを通して、既製品やハウスモデルの中からスタイル、生地やデザイン、オプションを選び採寸を行うのがパターンオーダーです。ジャストサイズに合わせることができるだけでなく、服を自分好みにカスタムすることが可能。店によってはスーツ以外にもシャツやコートなどさまざまなアイテムをオーダーすることができるので、ぜひ積極的に活用を。

パターンオーダーの基本の流れ

以下で紹介するのは一般的なパターンオーダーの流れ。
店によっても異なるため、あらかじめ確認しよう。

④完成	◀ ③フィッティング	◀ ②オプション選択	◀ ①セレクト
およそ数週間程度で完成。	最も近いサイズのものをもとに、より体型に合うよう細かくサイズ調整。	ボタン裏地、ポケットの仕様などデザインにも好みを反映可能。	取り扱う製品やハウスモデルからデザインを選ぶ。生地を選択できる場合も。

パターンオーダー
おすすめアイテム

シャツ
（参考価格：7,000円～）
パンツ
（参考価格：14,000円～）
ジャケット
（参考価格：23,000円～）
コート
（参考価格：64,000円～）

※参考価格は、すべて「麻布テーラー」の場合

パターンオーダーおすすめの店

麻布テーラー

全国に24店舗を展開。店が提案するデザイン型をベースに、好みの生地やボタンまで細かくセレクト可能。

www.azabutailor.com/

azabu tailor

Chapter 4

休日は「1マイルウェア」で

自由度が高いからこそ難しい、休日の着こなし。
本書では、好きなおしゃれを取り入れた
大人に相応しいオフスタイルを
「1マイルウェア」として紹介します。

大人の休日着＝1マイルウェア

第3章で紹介したビジネスカジュアルには、「ビジネスの場に相応しい服装」という大前提がありました。対して、オフのスタイルは自由。選択肢は無限にあります。「ただし若いころほど何でも似合うわけではない」と言われてしまうと、じゃあいったい何を着ればいいのか、と難しく思えてしまうかもしれません。

そこで、提案したいのが、「1《ワン》マイルウェア」という考え方。

オンスタイル時ほど肩は凝らないものの、映画やショッピングなど、少し足を延ばした場所にもそのまま出かけられる格好、偶然知り合いと会ったときにも、「素敵」と思われるような着こなしです。

そんな1マイルウェアをつくる際にぜひ意識したいのが、「〝シック〟と〝カジュアル〟のバランス」です。

服には、アイテムごとにシック寄り、カジュアル寄りのものがあります。とかくオフスタイルは、リラックスを意識するとカジュアル一辺倒になりがちです。するとTシャツ＋ブルージーンズ＋スニーカーのような「子どもっぽい」と紙一重の着こなしに。そこに、シックなアイテムを混ぜる――例えばブルージーンズを白パンツに替えるだけで、グッと大人っぽく仕上げることができます。

そんな基本ルールを理解した上で、ぜひ自分の好きなテイストのおしゃれを。ここでは、アメリカンカジュアル、イタリアンカジュアル、スポーツカジュアルの代表的なスタイルのつくり方を紹介します。

基本がわかれば、あとはそのガイドラインを応用するだけ。休日の着こなしがもっと楽しくなるはずです。

POINT
1

「1マイルウェア」をつくるアイテム

オフスタイルであっても、大人の服選びは第2章で紹介した3つのルールが基本であることは変わりません。

①ジャストサイズであること。

②ベーシックな色・デザインであること。

③上質で着心地のいいものであること。

そして、大人の1マイルウェアをつくる際は、このルールにもうひとつ足して考えます。

④カジュアルなアイテムだけを組み合わせず、シックなアイテムをプラスすること。

以上の4つのルールを原則に、まずはクローゼットにひとつあると重宝する万能アイテムを提案していきます。

- 白のオックスフォードボタンダウンシャツ
- 濃い色のパーカー
- 無地のTシャツ
- ホワイトデニム
- 単色のスニーカー

例えば、無地のTシャツにホワイトデニムというシンプルなコーディネートでも、①〜④のルールにのっとったアイテムであれば大人の1マイルウェアとして外しません。紹介するアイテムをいきなりすべてそろえる必要はありませんが、ぜひ参考にしてみてください。

1枚あると便利な万能アイテム

白のオックスフォードボタンダウンシャツ

CHECK

同じ白シャツでも、ブロード生地など薄く光沢のある素材だとドレッシーに寄りがち。休日スタイルの最初の1枚としてはオックスフォード生地がおすすめ。

どんなスタイルにもハマる定番の1枚

ボタンダウンシャツはアメリカントラッドの代表的なアイテムだが、シンプルな白のオックスフォード生地なら適度にシックな雰囲気も備え、どんなスタイルにもはまりやすい。パンツから出しても上品な雰囲気が損なわれないため、ラフになりすぎない。丁寧なアイロンがけはせず、適度なシワ感を楽しみたい。

District UNITED ARROWS（私物）

濃い色のパーカー

CHECK

ラフなアイテムこそ、サイジングが重要。ダラッと無意識に羽織ってしまいがちなパーカーもジャストサイズにこだわろう。

生地感・色を選べばシックな雰囲気に

カジュアル度が強いアイテムも、生地感や色にこだわれば安っぽい印象となるのが避けられる。スウェット生地が定番のパーカーも、しっかりと厚みのあるニット素材なら、大人っぽくシックな雰囲気。色はあえて定番のライトグレーを避け、濃いめの色を選べば着こなしがきちんと締まる。

seagreen（私物）

無地のTシャツ

スッキリ見える浅めのVネック

浅めのVネックなら首元がスッキリ見える。色は白よりもグレーやネイビーなど濃いものを選べば落ち着いたシックな雰囲気に。

「Matt」／three dots（スリードッツ 青山店）

スタンダードなクルーネック

スタンダードなクルーネックは、さまざまな着こなしに取り入れやすい。安っぽく見えないよう、生地がしっかりしたものを選ぼう。

SO wear（私物）

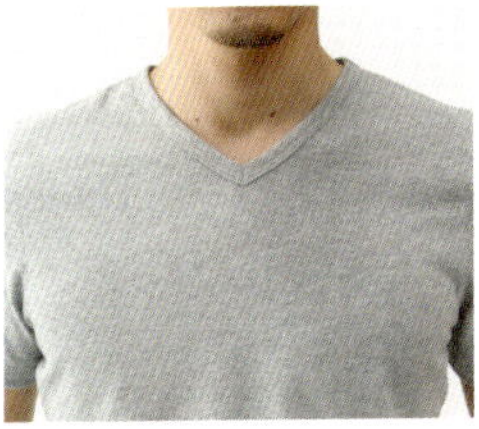

CHECK

Tシャツは首まわりの開きにこだわりたい。特にVネックは開きすぎているとキザな印象に見えてしまう。鎖骨が見えない程度の開きのものを選ぼう。

ホワイトデニム

CHECK

白は、生地が薄いと下着が透けてしまう可能性も。厚手のしっかりした生地感のものを選ぼう。

さわやかな白が、着こなしの主役に

一見、難易度が高いと見られがちなホワイトデニムだが、実はさまざまなトップスと相性がよく、あらゆる着こなしをシックにまとめてくれる使い勝手のいい万能アイテム。近年は男女ともに定番化したため、ハードルも低い。しっかりテーパードされたスリムタイプなら、下半身が膨張せずスッキリ。

SO wear（私物）

単色のスニーカー

CHECK

店頭で見ると単体でのカッコよさに惹かれがちだが、着こなしに取り入れたときに浮かないかを意識。ロゴも控えめなものを。

ドレスシューズのようなシックな雰囲気を重視

スニーカーはただでさえカジュアル度が強いアイテム。色数が多く、目立つものはたとえ単体で見たときに見栄えがしても、いざ着こなしに取り入れてみるとゴチャゴチャしてまとまりづらい。黒・白・カーキ・グレーなど落ち着いた色で、単色のものを選ぼう。スエード素材を使ったものなら高級感がプラスされる。

NIKE（私物）

POINT
2

「流行」を上手に取り入れよう

ここまで紹介したのは、すべてベーシックな定番アイテムでした。ベーシックアイテムだけでも着こなしをつくることはもちろん可能ですが、そこにほんの少し「流行アイテム」をミックスさせることで、カジュアルシーンならではの〝遊び〟のあるスタイルに仕上げることができます。

流行、といってもさまざまで、数か月で廃れてしまうものもありますが、本書で紹介するのはここ数年トレンドが続き、もはや定番アイテムになりつつあるものなのです。

「チェスターコート」「タートルネックニット」「リブパンツ」は、若者にも人気ですが、ここまで繰り返し触れてきた4つのルール――「ジャストサイズ」「シンプルなデザイン」「上質感」「シックなアイテムとバランスをとる」を守って選べば、大人の着こなしとも非常に相性のいいアイテムです。

ただし、あくまで〝流行アイテム〟なので、トレンドがあることを意識しておきましょう。もしすでに手持ちのものがあっても形が古臭くなっている可能性が大なので、昔のものをクローゼットの奥から引っ張りだしてくるのはおすすめできません。

流行アイテムを取り入れた着こなし

ITEM

チェスターコート

テーラードジャケットの着丈をそのまま伸ばしたようなフォーマルなシルエットが特徴。ウエストが絞られたドレスタイプなら、ビジネスカジュアル時にも着用可能。

おすすめブランド

ユニバーサルランゲージ、ユナイテッドアローズなど

ジャケットと同様に考え、シャープに着こなす

無地のネイビーで細身のものを選び、テーラードジャケットと同様に考えれば取り入れやすい。パンツはシャープなシルエットであれば、ジーンズやチノパンなどどんなものとも相性がいい。足元はシック寄りのシューズはもちろん、ダークトーンの単色ならスニーカーもOK。

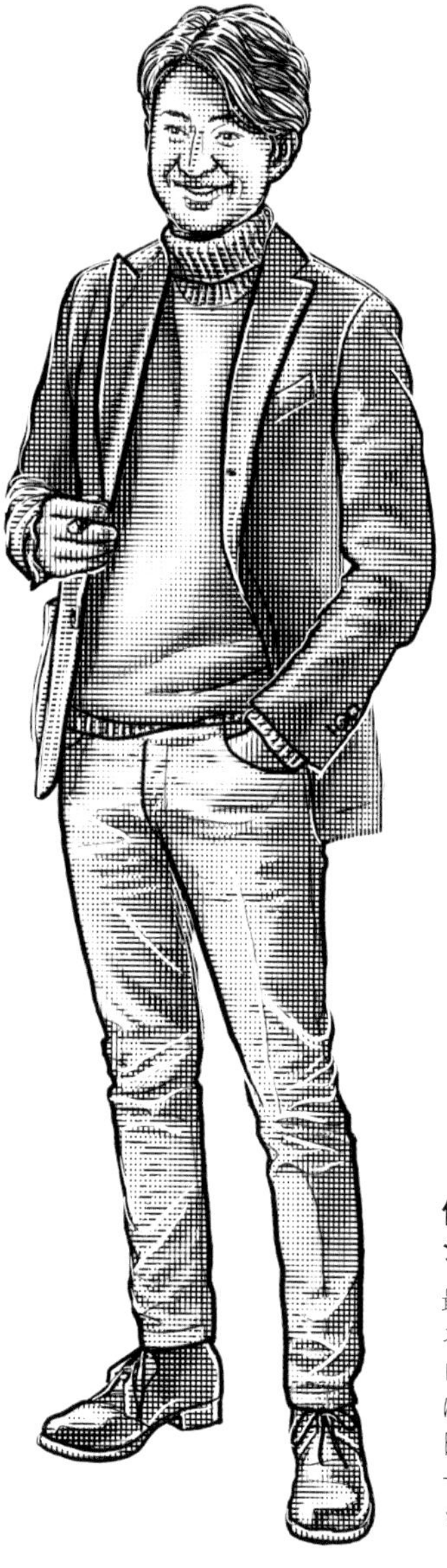

ITEM

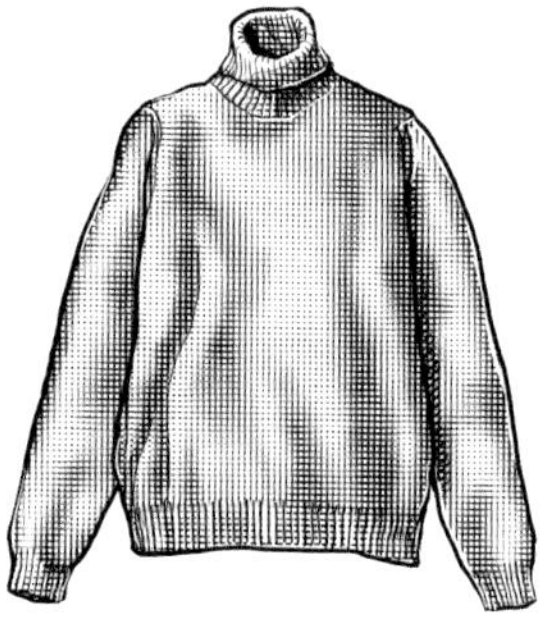

タートルネックニット

アウターを着た際、首元にレイヤードが生まれ着こなしに奥行きが出る。流行は細身のもの。モードな雰囲気を出すなら薄手のハイゲージ、カジュアルに着るなら厚手のミドルゲージを。ブルゾンなどカジュアルアウターに合わせても上品な印象に。

おすすめブランド

ユニバーサルランゲージ、ユナイテッドアローズなど

休日のジャケパンスタイルのシャツ替わりに

最初の1枚には、ベーシックなコーディネートにはまるベージュや濃いめのグレーを。いつものジャケパンスタイルにシャツの替わりに取り入れれば、休日らしいリラックス感がでる。インナーには着こまず、コンパクトなシルエットをキープしよう。

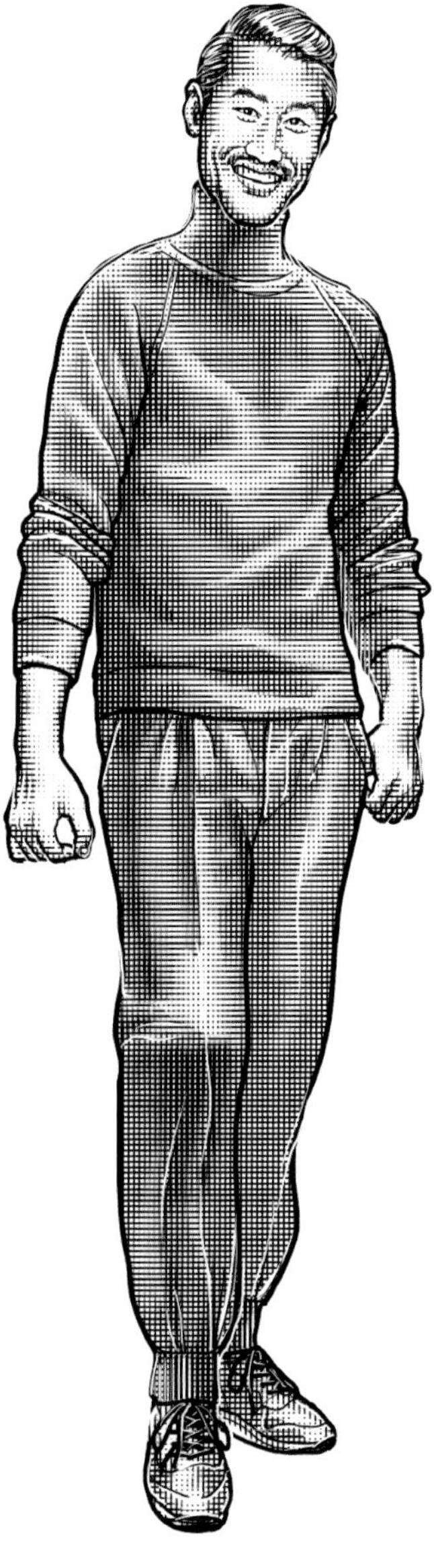

ITEM

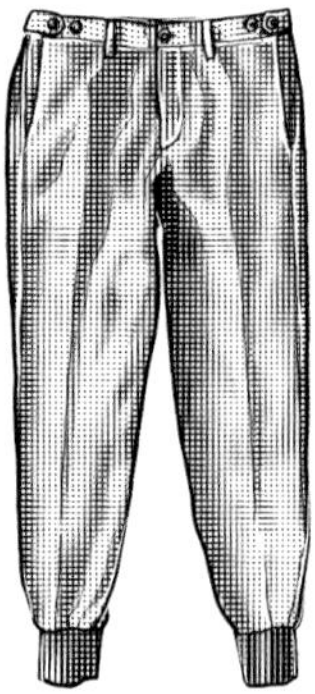

リブパンツ

足首に伸縮性のあるリブがつけられ、キュッとすぼまった形が特徴。スウェットパンツに似ているが、素材はスウェットに限らずシルエットもより細身。ラフな印象だが裾がもたつかないため、着こなし全体をスッキリまとめることができる。

おすすめブランド

GTA（ジーティーアー）、ジュン ハシモトなど

濃いめのトップスを合わせて、シックにまとめる

ライトグレーなど薄い色だとスウェットパンツのように見えてしまうため、ダークグレーや黒を選ぼう。センタープレスが入ったものもおすすめ。同じく濃いめの色のタートルネックセーターと合わせて、シックな着こなしに。足元はスエードスニーカーで。

POINT 3

大人が取り入れたい「カジュアルスタイル」

ひと口にカジュアルスタイルと言っても、好きなテイストや挑戦したいアイテムはそれぞれ違うはず。ここでは「アメリカンカジュアル（アメカジ）」「イタリアンカジュアル（イタカジ）」の2大スタイルと、近年人気の「スポーツカジュアル（スポカジ）」の基本を紹介します。

40代以上の男性に最も多いのが、アメリカンカジュアルの着こなしです。Tシャツにジーンズ、スニーカーといったラフな組み合わせは、ほとんどの人が日常的に取り入れている気楽なコーディネートだと思います。しかし繰り返しますが、大人のカジュアルにはシックな要素が必須。アメカジ一辺倒にならない工夫が必要です。

対してイタリアンカジュアルはトラッドなアイテムに遊びを入れて着崩したスタイル。若いころは照れくさかったかもしれませんが、落ち着いた今こそ似合う着こなしです。

スポーツカジュアルはスポーティで機能的なアイテムをメインにしたもの。伝統的なファッションスタイルからは外れますが、多くの人にとってハードルの低い着こなしかと思います。ただしアメカジ同様、機能性だけを追求した着こなしにならないよう注意が必要です。

3大スタイルのパターン例

PATTERN 1

アメリカンカジュアル

ウエスタンアイテム、カレッジアイテム、ワークアイテムなど動きやすさが重視されたラフでアメリカンなアイテムを取り入れた着こなし。人気ファッション誌『Safari』のスタイルがこれにあたる。

カーディガン／three dots、Tシャツ／SO wear、ジーンズ／ユニクロ、シューズ／Paraboot（すべて私物）

PATTERN 2

イタリアンカジュアル

ジャケットやシャツ、革靴などヨーロッパのトラッドなアイテムを、イタリアらしく明るくカジュアルに着崩したスタイル。代表的なファッション誌は『LEON』や『MEN's EX』など。

ジャケット／RING JACKET、シャツ／ESTNATION、パンツ／SO wear、シューズ／ALDEN（すべて私物）

PATTERN 3

スポーツカジュアル

もとは競技用やアウトドア用につくられていた機能的なスポーツアイテムを、街着に落とし込んだアクティブなスタイル。スポーツブランドがストリート用にデザインしたアイテムも多い。

アウター／THE NORTH FACE（ザ・ノース・フェイス）、パンツ／THE NORTH FACE、シャツ／GUY ROVER、シューズ／PHILIPPE MODEL（以上、私物）

POINT
4

「アメリカンカジュアル」の考え方

現在、日本で最もポピュラーな着こなしがアメリカンカジュアルです。

日本のアメカジ人気は映画やドラマなどアメリカ文化の普及が大きく影響しており、特に意識をしていなくても、40代以上の男性の休日着はほとんどがこのスタイルと言っても過言ではないかと思います。

アメカジの中にもウエスタン、ミリタリー、サーフ、アイビー、プレッピーなどさまざまなスタイルがありますが、総じてヨーロッパで生まれたトラッドなアイテムを、ワークウェアとしてより動きやすく、大量生産しやすいようラフに落としているのが特徴。

つまり、アメカジのアイテムは、もともとラフに着ることを目的につくられているものです。

そのため、アメカジアイテムのみで組み合わせると大人の着こなしに必要なシックな要素がごっそり抜け落ちてしまい、「だらしない」印象になってしまう可能性が高くなります。

このバランスを整えるためには、一つひとつのアイテムのカジュアル度を下げ、同時に着こなしの中にシックなアイテムを混ぜることがポイントです。サイジングにも注意しましょう。

アメリカンカジュアルの代表アイテム

ダウンベスト

黒の単色を選べばカジュアル度が下がりシックに。ジャストサイズなら「着られている」印象にならない。

ROCKY MOUNTAIN FEATHERBED（サーティーファイブサマーズ）

ウエスタンシャツ

厚手でデニム生地と似ているが織り方が異なりよりウエスタンな雰囲気。オーバーサイズは野暮ったいので必ず細身を。

REMI RELIEF（私物）

デニムブルゾン

シンプルなデザインで、上質感のある細身のものにこだわろう。また、色落ちが過ぎると一気にダサく見えてしまうため注意。

FACTOTUM JEANS（ファクトタム）

ミリタリージャケット

元は軍用アイテムのため、ゴツゴツと装飾がついていると軍物マニアのような印象。大人っぽく仕上げるにはプレーンなデザインを。

ナノ・ユニバース（私物）

アメリカンカジュアルのコーディネート例

SPRING & SUMMER

白でミリタリーアイテムもさわやかに

ミリタリージャケット+ジーンズに、白のTシャツ＆黒のレザーシューズを合わせることで、さわやかさとシックさを入れた組み合わせ。ジーンズの足元はロールアップし、丸いシルエットの靴と合わせることで、ボリュームのバランスがとれる。腕まくりと立て衿で「こなれ感」を出すのもポイント。

ミリタリージャケット

+

白Tシャツ

+

ジーンズ

+

黒のレザーシューズ

ジャケット／nano・universe、Tシャツ／ユニクロ、パンツ／ユニクロ（以上、私物）、シューズ／Paraboot（パラブーツ 青山店）

FALL & WINTER

ウエスタンシャツ
+
ネイビーのローゲージニット
+
黒のダウンベスト
+
ホワイトデニム
+
ブーツ

ベスト／TATRAS、シャツ／REMI RELIEF、ニット／ROBERTO COLLINA、パンツ／SO wear（以上、私物）、ブーツ／BUTTERO（ハイブリッジ インターナショナル）

ホワイトデニムで重さを払拭

ボリューミーな上半身はダークトーンで統一し、できるだけコンパクトなシルエットに抑える。重たい上半身にスッキリとしたホワイトデニムを合わせて、今どきの明るさを加えるのがポイント。注意したいのが足元のボリューム。ゴツめのブーツで上半身とのバランスをとろう。

POINT
5

「イタリアンカジュアル」の考え方

アメカジではカジュアル寄りになりがちなコーディネートにシックなアイテムを混ぜ、バランスをとることを提案しました。

対してヨーロピアントラッドなアイテムを「着崩す」ことでドレスダウンさせるのがイタカジ。シックとカジュアルのバランスがとれた着こなしであるため、そのまま大人の休日着としてぴったりなスタイルです。

雑誌『LEON』が〝ちょい悪オヤジ〟という言葉を浸透させて久しいものの、アメカジに比べると今なおイタカジを取り入れている人は少なめです。「休日もジャケパンなんて肩が凝りそう」「白パンってなんだか気取った印象」と、抵抗を感じる人も多いかもしれません。

しかし若いころこそ気取ったイメージがあったアイテムも、実は年齢を重ねるほど意外にしっくりくるようになります。アイテムとしてもアメカジより種類が少なくシンプルなので、難しく考える必要はありません。

何よりカジュアルな着こなしが圧倒的に多い街中で、シック寄りのイタカジスタイルは、ハッと新鮮に映ります。

先入観を持たず、ぜひ一度挑戦してみてください。

イタリアンカジュアルの代表アイテム

ジャケット

ネイビージャケットはイタカジでも万能。休日用ならパッドなしのものを。カジュアルアイテムと合わせても全体がきちんと締まる。

LARDINI（チンクエ クラシコ）

カッタウェイシャツ

ワイドカラーの中でも特に開きが180度以上のもの。ノータイで第1ボタンを開けたとき、衿の開きが美しくきまる。

Finamore（チンクエ クラシコ）

タッセルローファー

ジャケパンスタイルを一気に休日風味に味つけできるのがタッセルローファー。素足風に見える靴下で合わせると軽快な印象に。

ALDEN（私物）

ホワイトジーンズ

全体の印象を明るく華やかに仕上げる、イタカジの必須アイテム。細身のものをノークッションで履きこなせばこなれた印象に。

JACOB COHEN（ビーアールオンライン）

イタリアンカジュアルのコーディネート例

SPRING & SUMMER

“遊び”の利いた定番スタイル

アイテム類はビジカジとほぼ同じだが、真っ白なパンツとタッセルシューズで“遊び”をプラス。白パンツはノークッションで、シューズとの間から最小面積で素足をのぞかせると、「抜けた」印象に。ネイビージャケットも明るめを選べば春夏に相応しいさわやかさ。

ネイビージャケット

＋

デニムのカッタウェイシャツ

＋

ホワイトデニム

＋

タッセルローファー

ジャケット／RING JACKET、シャツ／SO wear、パンツ／SO wear、シューズ／ALDEN（すべて私物）

FALL & WINTER

CHECK
大判ストールで襟元にボリュームをもたせてもバランスよくまとまる。

ネイビーのチェスターコート
＋
白シャツ
＋
黒のハイゲージニット
＋
チャッカブーツ
＋
ダークグリーンのストール

コート／LARDINI、ニット／ESTNATION、シャツ／GUY ROVER、ジーンズ／ユニクロ、ストール／Faliero Sarti（以上、私物）、シューズ／Crockett&Jones（グリフィンインターナショナル）

チェスターコートの存在感を生かす

秋冬のイタカジスタイルの主役にしたいのが、流行アイテムのチェスターコート。ダークな色で全体をまとめた中にシャツの衿をのぞかせ、白を利かせているのがポイント。ヒールが高めのブラウンのチャッカブーツを取り入れれば、よりきれいめな印象に仕上がる。

POINT 6

「スポーツカジュアル」の考え方

近年、スポーツブランドやアウトドアブランドのアイテムを取り入れたアクティブなスタイルが定番化してきています。

アメカジ同様のカジュアルさ、かつ何よりも機能面で優れたアイテムが多いため、気軽に挑戦しやすい着こなしだと思います。

ただし、これまで紹介した2大スタイル同様、シックとカジュアルのバランスには注意が必要です。特に全身スポーツブランドのアイテムで固めてしまうと、ただのスポーツウェアに見えてしまいます。必ずきれいめのアイテムと合わせることを意識しましょう。

また、スポーツ用やアウトドア用につくられたアイテムには、カラフルで派手なものが多いため、チープな印象にならないためにはデザインも選ばなければなりません。

しかし、スポーツ用品店や量販店で大量に売られている中からシック寄りのアイテムを選ぶことは難易度が高めです。そこでおすすめなのが、「セレクトショップ」。タウンユースにおすすめのものがあらかじめ絞られているため、選ぶのが容易です。また、ショップオリジナルの別注アイテムも使いやすいものが多いので、ぜひチェックしてみてください。

スポーツカジュアルの代表アイテム

ストレッチパンツ

アウトドア用ならではの素材感が新鮮。もたつきが出ると野暮ったいため、細身を。

「アルパイン ライト パンツ」／THE NORTH FACE（ザ・ノース・フェイス）

シェルジャケット

セレクトショップのものが取り入れやすい。白シャツとも意外に好相性。流行のミリタリーカラーも注目。

「BEAMS 別注 ARC'TERYX Beta SL Jacket」ARC'TERYX × BEAMS（ビームス）※生産終了

リュック

色がゴチャついたものはアウトドア感が強すぎるため、黒・グレーなどダークトーン単色のものを選びたい。

「EXCEED」／master-piece（MSPC PRODUCT PRESS ROOM）

ニット帽

ロゴやタグなど余計な装飾がなく、コンパクトなシルエットのものを。色はネイビーがおすすめ。前髪は見せず、額を少し多めに見せてかぶる。

CA4LA（カシラ）（CA4LA ショールーム）

スポーツカジュアルのコーディネート例

SPRING & SUMMER

黒のパーカー

＋

グレーのTシャツ

＋

ホワイトデニム

＋

グレーのスエードスニーカー

パーカー／seagreen、パンツ／SO wear、スニーカー／DIADORA HERITAGE（以上、私物）、Tシャツ「Matt」／three dots（スリードッツ青山店）

**白・黒を利かせて
シック寄りに**

パーカーにスウェット素材ではなくきれいめな黒のニットを、足元のスニーカーにスエードを選ぶことで、軽やかな春夏のスポカジをグッと大人っぽく寄せた着こなし。全体の色数を抑えることでホワイトデニムの明るさが際立ち、さわやかな印象に。

FALL & WINTER

ネイビーのダウンジャケット

＋

黒のハイゲージニット

＋

グレーのリブパンツ

＋

カーキのスエードスニーカー

ダウンジャケット／ユニクロ、ニット／ESTNATION、パンツ／Notify、スニーカー／NIKE（すべて私物）

アイテムそれぞれのデザインが要

ダウンジャケット＋リブパンツ＋スニーカーとカジュアルなアイテムのみで構成した、やや難易度が高めの着こなし。アイテムそれぞれのサイズ感、素材感、色がシックなため、全体で見るとアウトドア感が全面に出過ぎない。ニット帽を合わせるのもおすすめ。

「買いもの上手になるためのコツ」

クローゼットの中を使い勝手のいいアイテムだけがそろっている状態に保つためには、これ以上ムダなものを買わないよう、買いものの精度を上げることが必須です。買いものに出かける際は、以下の3点をぜひ意識してみてください。

買い物の心得3ヵ条

1.手持ちアイテムを把握したメモを携える

今、自分が何を持っているかが瞬時にわかれば買い足すべきものが絞られるので、衝動買いにつながらない。手持ちアイテムをスマートフォンなどにメモしておくのがおすすめ。P20を参考にチェックリストをつけ、携帯カメラで撮影して持ち歩いても。

2.店員を味方につけ、「断る」ことに慣れる

服の専門家である店員から積極的にアドバイスをもらおう。店員側としては「こういうアイテムを持っているのだけれど、合うものを教えてほしい」など、リクエストが具体的であればあるほど対応しやすい。ただし「すすめられたものは買わなくちゃ」などと気を遣う必要はない。断るときは「ちょっと考えてみます」とひと言伝えればOK。

3.セールには手を出さない

シーズン終了間際の7〜8月と12〜1月に行われるセールは利用しないのが賢明。「安いから」という理由で買ったアイテムは、やはり冷静に見ると妥協点が見えてくる可能性が高く、「お気に入り」にはなりにくい。また安い雰囲気に煽られて、不要なものも衝動買いをしてしまいやすくなる。買いものにいくなら、シーズン前半がおすすめ。

· OVER 40S' ·

Chapter 5

今こそおしゃれを楽しもう！

若いころは敬遠していた上級アイテム。
人々から愛され続ける"名品"たち。
今だからこそ似合う大人のおしゃれを、
楽しむための考え方を紹介します。

· NEW FASHION RULE ·

大人だからこそ似合う おしゃれがある

大人の着こなしには、守るべき最低限の〝ルール〟があると述べてきました。ルール、と聞くと選択肢が狭まるように感じられ、「もう若いころほどファッションを楽しめないんだな」とネガティブにとらえてしまう人もいるかもしれません。しかし決してそんなことはなく、むしろ若いころには似合わなかったファッションも、今だからこそ楽しむことができるのです。

例えば、ニットタイやベスト、ストールといったアイテム。20代のころに挑戦してみようとしたものの、「やっぱりなんだかキザすぎる」と尻込みしてしまった人もいるのではないでしょうか。しかし、これらは落ち着いた大人がシンプルでベーシックなアイテムと合わせて着てこそ、すんなりとなじむアイテム。気取って見える上級アイテムは、ハードルが大きく下がった今こそ楽しみたい大人の特権です。

また、各アイテムにはシャツといえばこれ、ジャケットといえばこれというように、代名詞的存在になっている「名品」があります。多くの人に愛され続ける質の高さは、歴史と技術に裏打ちされた確かなもの。それを知識として知っておくことも、大人の男性としてのたしなみのひとつといえます。

大人のファッションは、やみくもに高価な服を買えばよいわけではありません。ファストファッションにも十分なクオリティを持った商品が存在し、それを活用することももちろん有効です。その中には名品の模倣から生まれたものもあり、それを知った上で使えば着こなしにも差が生まれます。名品を知れば、服選びや着こなしの勘所もわかってくるのです。

POINT 1

「今こそ挑戦したい」アイテム

ニットタイ、ベスト、ストール。いずれもシャツやパンツに比べると装飾的な要素の強いアイテムであり、それゆえいきなり取り入れるには少しハードルが高く感じられがちです。がんばって取り入れようとしても、若いころは顔や雰囲気になじみにくいため、〝無理しておしゃれをしている感じ〟が出てしまい、こなれた着こなしにならなかったかもしれません。

　しかし、落ち着いた雰囲気が出てくる年齢になると、逆にそういった装飾的なアイテムを使って上品に〝盛る〟ことで、着こなしがほどよく華やかなものになります。

　ただし、それはあくまで本書で紹介してきた「着こなしの基本ルール」を踏まえた上での話です。基礎を固めないまま上級アイテムに手を出そうとすると、失敗の確率が高くなってしまいます。

　基本を押さえた上で、ぜひ実際に店で手にとってみて試着したり、首元に合わせたりしてみてください。はじめは使い方や合わせ方がわからなくて当然だと思います。積極的に店員にアドバイスを聞いてみましょう。鏡の中の姿に最初は違和感を感じるかもしれませんが、見慣れれば思った以上になじみがいいはずです。

上級アイテムを取り入れよう

「ニットタイ」基本の着こなし

ジャケット、パンツと色みを合わせ主張を抑える

春夏のジャケパンスタイルに。ジャケット、パンツと色みを合わせればニットタイが主張し過ぎない。レギュラー・タイよりもかなりカジュアル度が強いアイテムなので、合わせるシャツはボタンダウンがおすすめ。

ITEM

ニットタイ

通常のタイに比べ遊び感が出る。無地またはボーダーなどのシンプルな柄で、色はネイビーや濃いブラウンならどんなシャツやジャケットともケンカしにくい。スーツショップやセレクトショップで2,000円代程度から購入可能。

ニットタイ
＋
ネイビーのジャケット
＋
白シャツ
＋
ジーンズ

ニットタイ／fiorio、ジャケット／RING JACKET、シャツ／District UNITED ARROWS、パンツ／ユニクロ（以上、私物）、ベルト／Whitehouse Cox（グリフィンインターナショナル）

「ベスト」基本の着こなし

ITEM

ベスト

スリーピースのものと異なり、単体で成立するものは背側も前面と同じ生地でつくられているのが特徴。素材は春夏ならコットン、秋冬ならウールやツイードを。色は濃いめのグレーやブラウンの無地単色が取り入れやすい。

ダークグレーのベスト

＋

ネイビーのジャケット

＋

ブルーのシャツ

＋

ベージュのチノパン

＋

スエードシューズ

ベスト／SO wear、ジャケット／RING JACKET、シャツ／GIANNETTO、パンツ／PT01（以上、私物）、シューズ／Crocket&Jones（グリフィンインターナショナル）

カーディガン感覚でシャツとジャケットの間に

ラフなビジカジ対応スタイル。ジャケットの下にカーディガンを着るのと同様の感覚で差し込む、と考えれば難易度は高くない。シャツ＋ベスト＋ジャケットとレイヤードすることで、着こなしに奥行きが生まれる。一番下のボタンは外して着用する場合が多い。

「ベスト」ラフな着こなし

ダークグレーのベスト
+
ネイビーのジャケット
+
グレーのTシャツ
+
ジーンズ
+
スニーカー

ベスト/SO wear、ジャケット/RING JACKET、Tシャツ/SO wear、ジーンズ/ユニクロ、スニーカー/DIADORA HERITAGE(すべて私物)

ジーンズ+スニーカーをほどよくドレスアップ

1マイルスタイルにもぜひ活用したい。シックなアイテムのため、Tシャツ+ジーンズ+スニーカーといったラフな着こなしに合わせれば、全体をきれいにまとめることができる。ジャケットを脱いでもラフになりすぎない。

「ストール」基本の着こなし

衿元にボリュームを出し華やかな雰囲気に

単調になりがちなコートの衿元がぐっと華やかな印象に。凝った巻き方よりも、ざっくりとラフに巻く方が適度にこなれて見えるポイント。おすすめの巻き方は、左ページの「ダブルクロス」だ。両端をコートの衿元に入れれば、ひと味違う雰囲気に。

ITEM

ストール

本来は「肩掛け」だが、マフラーよりも生地が薄く、大判であるため、巻き方を工夫することで衿元にさまざまな表情を出すことができる。ダークな無地の単色を選べば、ボリュームの割に派手な印象になりにくい。

ダークグリーンのストール

＋

ネイビーのチェスターコート

ストール／Falliero Sarti、コート／LARDINI（すべて私物）

マフラー＆ストールの巻き方

ワンループ

二つ折りにしたマフラーを首にまく。

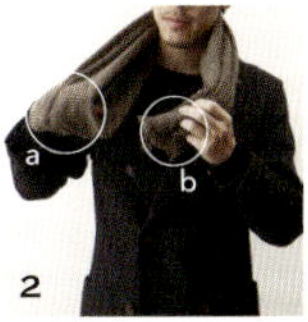

aのループに、bを通す。

通したbを軽く引っ張り、aの位置を調整。全体に形を整えればOK。

ダブルクロス

ストールの中央あたりを首にかける。

ぐるっと1回首に巻いて、左右の長さをそろえる。

aを持ち上げ、内側からbを通す。

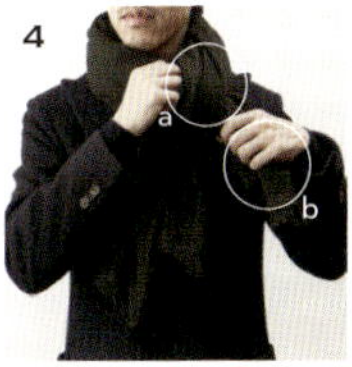

bを引き出し、全体の形を整えて出来上がり。

POINT 2

知っておきたい「名品」アイテム

本書で紹介している着こなしに必要な各アイテムを、ファストファッションブランドだけでそろえることも十分可能だと思います。しかしおしゃれは他人に見せるだけではなく、自分自身も楽しむべきもの。たとえ見た目にそれほど差がないとしても、手頃な服だけで全身コーディネートするよりも、ちょっとこだわって手に入れたアイテムが1点あれば、着ている自分の気持ちが全然違ってくるはずです。

とはいえ全身をブランドで固める必要はありません。ジーンズはファストファッション、でもシャツはこだわりのアイテムを、など〝ミックス〟を楽しむのが基本です。

ここでは大人の男性にぜひ知ってほしい各アイテムのマスターピースを紹介します。名品と呼ばれるアイテムは、見た目だけではなく仕立てに必ず目を引くポイントがあります。今すぐ手に入れることは難しくてもその歴史やストーリーを知識として押さえているだけでアイテムに対する捉え方が変わってくるはずです。本物を知ることで自分のこだわりも生まれてきます。そうした好みやこだわりにもとづいて、自分なりのスタイルを探り見つけ出していくのも楽しいものだと思います。

知っておきたい名品アイテム

「ギットマン・ヴィンテージ」のボタンダウンシャツ

CHECK

創業当時のアーカイブをモチーフにした「ギットマン・ヴィンテージ」ライン。厚手の生地感、首の後ろのバックボタン、背中のループなどがクラシカルな雰囲気を醸し出す。

USメイドにこだわったオックスフォードシャツ

MADE IN U.S.Aにこだわる名門シャツブランド「ギットマン・ブラザーズ」“ヴィンテージ”ラインの定番。最高級の米国産スーピマ綿やエジプト産ギザ綿を使用。1インチに20ステッチという精緻な縫製技術を継承した熟練職人が、まるでオーダーメイドのような着心地を生み出す。しっかりとした生地感は着込むほどに体になじむ。

「クラシカルボタンダウンホワイトシャツ N406-10」/Gitman Vintage(http://gitmanvintage.com/)

「スリードッツ」のTシャツ

CHECK
表面をわずかに起毛させた「サンデッドジャージー」という素材を使用し、滑らかな肌触り。タイトなシルエットながら、生地が厚くシワが出にくい。

人々の声から生まれたフィット感とクオリティ

「フィット感やクオリティに満足できるTシャツを」という人々の声に応えて、1995年にロサンゼルスで誕生した「スリードッツ」。試行錯誤を重ねた末に生まれたTシャツは、シンプルでモダンなデザインと、美しいシルエットが特徴。上質なコットンならではの肌触りのやわらかさ、着心地のよさは一度着たら手放せない。

「Matt」／three dots（スリードッツ青山店）

「ジョン スメドレー」のカーディガン

CHECK
コットン素材ながらまるでシルクのような極上の肌触りで、素肌に触れてもチクチクしない。

英国王室御用達ブランドのニットカーディガン

イギリスのニットウェア専門ブランド「ジョン スメドレー」は、1784年創業の老舗。イギリス王室御用達ブランドとしても知られる。「ジョン スメドレーズ シーアイランドコットン」を使用したニットウェアは、薄手でドレッシーな30ゲージのものが人気。最高級の素材を使って細い糸で編む技術、手作業による縫製などが高く評価されている。

JOHN SMEDLEY（私物）

「リーバイス」®のジーンズ

CHECK

「モダンストレート」というコンセプトでモデルチェンジされた新作は股上が浅く、膝下がより細身に。着用するうちなじむためあえて最初はきつめをを選びたい。

ジーンズの原点、リーバイス「501®」

定番中の定番が「リーバイス®501®」。1890年、アメリカ西海岸でデニム素材のワークパンツをもとに誕生した「501®」は、文字どおりすべてのジーンズの原点である。2013年のモデルチェンジによってシルエットがやや細身になり、クラシカルな雰囲気を残しつつも現代的なデザインにブラッシュアップされた。

「Levi's® 501®」／Levi's®（リーバイ・ストラウス ジャパン）

「インコテックス」のスラックス

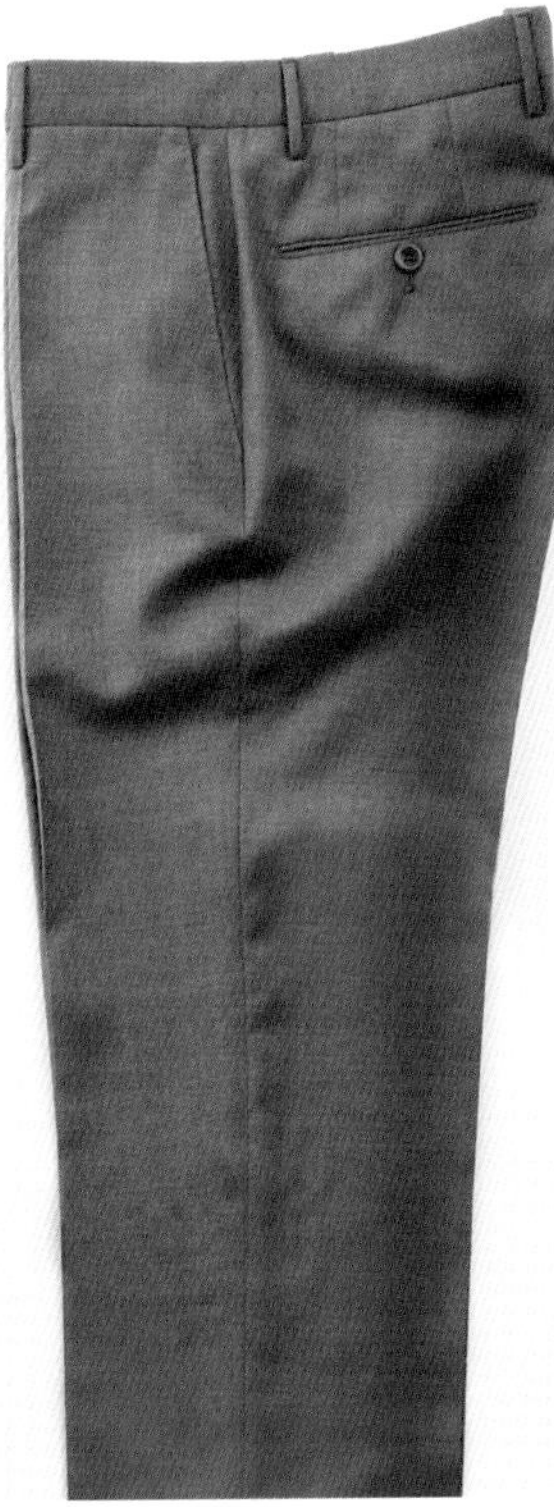

CHECK

ヒップから裾に向かって流れるようにシェイプされたテーパードシルエットは美しいのひと言。上品な生地感でさらに美脚効果あり。

脚を長く魅せるイタリアの“美脚スラックス”

イタリアのパンツ専門ブランド、インコテックスは、スタイルがよく見える“美脚スラックス”で広く知られる。その特徴は、裾に向かって細くなる緩やかなテーパード。適度な細身の美しいシルエットで、脚を長く細く見せる効果がある。「N35」に使用されたシャークスキンウールをはじめ、はき心地のよさもポイント。

「ノープリーツパンツ 1NT035」／INCOTEX（スローウエアジャパン）

「ラルディーニ」のジャケット

CHECK
肉厚な生地感ながら細身のシルエットで体形を美しく見せてくれる。ラペルにつけられたブランドのアイコン、ブートニエールボタンはつけ外し可能。

大人の雰囲気が漂うハンドメイドのジャケット

世界的な超有名ブランドのジャケットの生産も手掛けたファクトリーブランド「ラルディーニ」。すべてのアイテムがイタリア国内で、約400人の職人によりハンドメイドで生産されている。特にジャケットはイタリアのブランドの中にあってベーシックで使いやすいデザイン。ソフトなアンコンシルエットはオンオフ両面で重宝する。

「ウール ホップサック ネイビー」／LARDINI（チンクエ クラシコ）

「タトラス」のダウンジャケット

CHECK

撥水加工が施され汚れに強い表面生地、ラバー素材でコーティングし、防風性・保温性を高められたジッパーなど、細部のこだわりも注目。

美しいラインと軽さ・温かさを両立したダウン

2006年の創立以来、シルエットの美しさで、あっという間にダウンジャケットの定番ブランドとなった「タトラス」。ウエストのくびれたスリムなデザインは、日本人の体型にもフィットする。世界的に高品質で知られるポーランド産ホワイトグースダウンを高純度で使用することで、美しいシルエットと保温性・軽さを両立させている。

「LIRONE」／TATRAS（タトラス ジャパン）

「ホワイトハウスコックス」のメッシュベルト

CHECK

しっかり編まれた目の詰まりに注目。メッシュベルトは幅も重要。28mmまたは32mmを選べばビジカジでも活躍する。

職人が手作業で編み上げた耐久性抜群のベルト

イギリスの伝統的な希少革「ブライドルレザー」をはじめ、高品質のレザーグッズを手掛ける「ホワイトハウスコックス」。一つひとつ職人の手作業によって編み上げられたメッシュベルトは、耐久性が高く、長く愛用できる。カジュアルからビジカジまで、コーディネートに大活躍してくれる万能アイテムである。

「メッシュベルト P2274 28mm PLATED」／Whitehouse Cox（グリフィンインターナショナル）

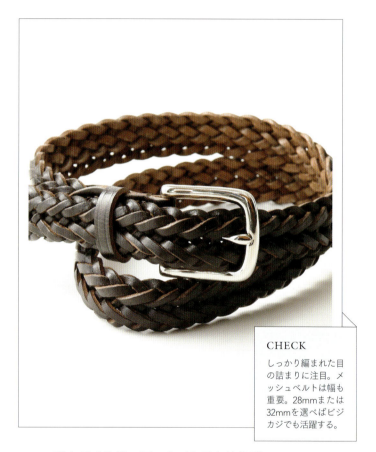

「ギローバー」のポロシャツ

CHECK

細身のシルエットで身幅、袖口ともにほどよくフィットし、ポロシャツながらシックな雰囲気。左裾に控えめにつけられたブランドのワンポイントが愛らしい。

シャツのようにジャケットに合わせたいポロシャツ

イタリアを代表するシャツブランド「ギローバー」は、“オールマシンメイドで世界最高峰”のクオリティを誇る。まるでシャツのように外に向かって開いたホリゾンタルカラーが特徴のポロシャツは、ジャケットを羽織ったときにも衿がきれいに収まりやすい。上質の鹿の子素材がジャストフィットし、大人っぽくきれいに着こなせる。

GUY ROVER（私物）

「クロケット＆ジョーンズ」のスエードシューズ

CHECK

「エッグトゥ」と呼ばれる丸みを帯びつつスッと伸びたつま先が上品な存在感を主張。

さまざまなコーディネートが可能なチャッカブーツ

イギリスの老舗靴メーカー「クロケット＆ジョーンズ」。中でもトップクラスの人気を誇るのが、このチャッカブーツ。底部分にラバーソールの一種であるダイナイトソールを使用し、フィット感のよさと耐久性を両立している。素朴な風合いとシャープすぎないシルエットで、ビジネスカジュアルからプライベートまで応用範囲が広い。

「チャートシー」／Crockett & Jones（グリフィンインターナショナル）

「パラブーツ」のUチップ

雨にも負けない実用性の高いレザーシューズ

フランスで実用靴として重宝されているのが「パラブーツ」のシューズ。その特徴は、上質な天然ラテックスを使用したラバーソールで、実用性とともに抜群のはき心地も生み出している。代表的なモデル「シャンボード」は、油分含量が高く雨に強いリスレザーという革を使用。ラバーソールと相まって、天候を選ばずに活躍する一品だ。

「シャンボード」／Paraboot（パラブーツ 青山店）

「ニューバランス」のスエードスニーカー

大人のファッションに合わせやすいクラシックスタイル

アメリカのスポーツシューズメーカー「ニューバランス」は、やわらかくフィットするはき心地を追求し、多くのランナーやワーカーたちの支持を集めている。スエード仕様でクラシックなデザインの「M1400」のネイビーやグレーは、ベーシックなファッションに合わせやすい。ジャケットなどの上品なアイテムにもコーディネート可能。

New Balance（私物）

POINT 3

「足元」の正解

おしゃれな人とそうでない人の差が一発でわかるのが足元です。足元とは、靴だけを指しません。上質な靴をはいていても、靴下、パンツとのコーディネートがいまいちだと、全体がなんとなくバランスの悪いものになってしまいます。

よく見かけるのが、靴下選びで手を抜いて一気に残念な着こなしになってしまっている人です。「パンツの裾でほとんど見えないから」と適当な柄物や微妙な丈加減の靴下を合わせてしまうのはNG。屈んだり脚を組んだりしてパンツと靴の間が空いたときには、想像以上に他人の目についているものと心得ましょう。

靴下の考え方は、①「シンプルなソックスを合わせコーディネートから目立たせない」②「鮮やかなソックスを合わせコーディネートの中で目立たせる」③「丈が短いフットカバーなどで素足のように見せる」の3択が正解。

まずは着こなしから浮かないシンプルなソックス使いをマスターしたら、②、③にもぜひ挑戦してみてください。

そして、こなれ感を出すのに最適なのが、パンツのロールアップ。折り返しの幅を太く、回数を多くするほど、ラフでカジュアルな印象が出ます。

ロールアップ＆ソックスのコーディネート

素足風

ノークッションのホワイトデニムに、ローファーを素足風に見せると、こなれた雰囲気に。靴下には外から見えないフットカバーを。

シンプルなソックス

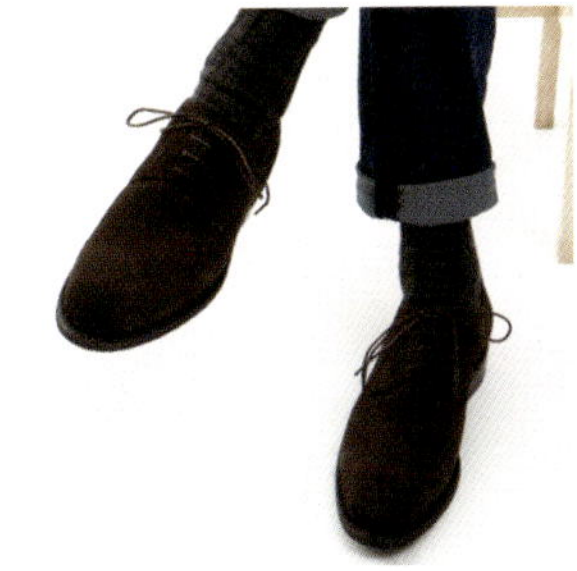

2〜3回ロールアップしたジーンズに、ダークな単色ソックス、スエードシューズをコーディネート。ロールアップの幅はあまり太すぎない方がスマートな印象。

カラフルなソックス

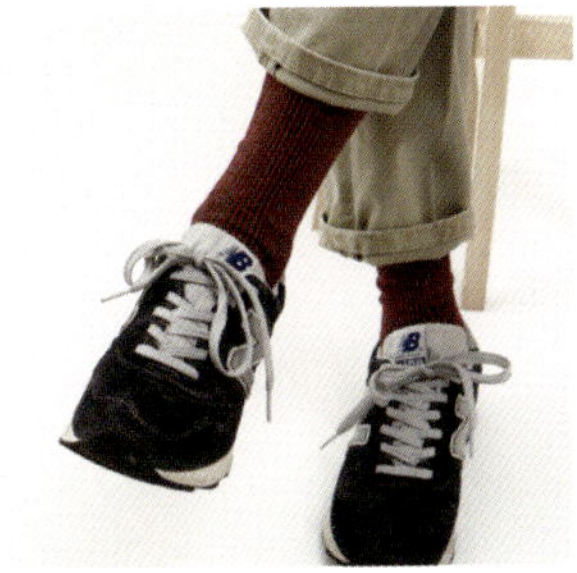

チノパンを細めに1回ロールアップし、スニーカーを合わせる。ソックスは鮮やかな色でも細かいストライプ柄を選べば、主張しすぎない。

COLUMN

ソックスはどこで買うべきか

細部にこそこだわるのがおしゃれの基本。量販店のソックスは安さが魅力だが、妙なワンポイントや柄が入っているものも。「シンプル」にこだわれば、コストパフォーマンスが高いのは「ユニクロ」。多少価格は上がるが、セレクトショップなどでの購入もおすすめ。

POINT
4

「長袖のシャツ」を活用しよう

クールビズスタイルとして、オフィスでもおなじみとなった半袖のシャツ。しかし長袖シャツに比べ、きれいに着こなすのは意外に難しいアイテムです。

　気をつけたいのが袖まわりのサイズ感です。袖口が大きく開き二の腕まわりがゆったりしたデザインは、とたんにおじさん臭く見えてしまいます。また二の腕のたるみもなるべく隠したいところ。半袖のシャツを着るなら、体にジャストフィットしたシルエットを選ぶことが重要です。

　ただし、より大人に相応しいのは、やはり長袖のシャツであることを覚えておきましょう。「長袖なんて暑いに決まっている」と考える人も多いと思いますが、素材を選び、また着方にひと工夫すれば、快適に着ることができます。

　生地は、コットン素材のものなら夏は吸湿性や通気性、冬は保湿性に優れています。さらに汗ばむ季節におすすめなのが「鹿の子」生地のシャツ。ポロシャツの素材としておなじみですが、通気性、速乾性が抜群です。

　そして、暑いときは「腕まくり」を有効に使います。ラフに肘までまくれば、半袖をそのまま着るよりも着こなしに奥行が出るため、こなれた雰囲気に。男性らしさを上品に強調することができます。

長袖シャツは一年中着られるアイテム

シャツの素材を選ぶ

気温の上がる春夏には鹿の子生地のシャツを

汗ばむ季節には、シャツの素材にこだわりたい。サラッと着られるコットン系、中でも鹿の子生地のシャツがおすすめ。ポロシャツのような感覚でラフに着こなせて、見た目にもさわやか。

腕まくりで調節

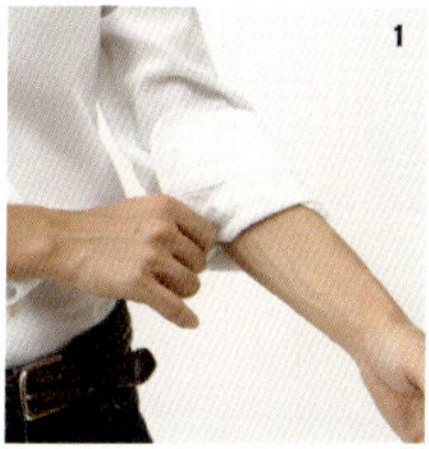

1

シャツの袖のボタンを外し、大きく1回まくる

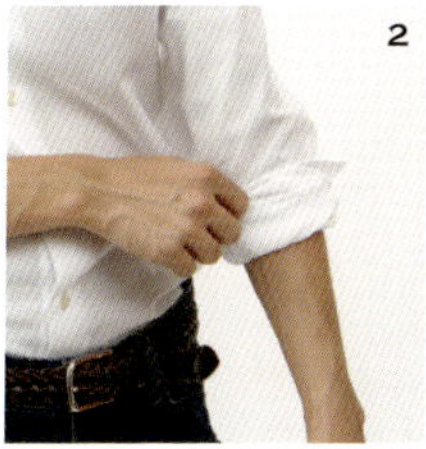

2

次に、2回ほど小さくまくりあげて完成。

POINT 5

「季節の変わり目」のスタイルの正解

昨日はちょっと暑かったのに、今日はなんだかひんやり。季節の変わり目には、どんな服装をして出かければいいのか迷ってしまいます。そんなときに便利なのがニットウェア。中でも、着脱しやすいニットカーディガンが活躍します。

ひとつ持っておくと便利なのが、シンプルな薄手のニットカーディガンと、アウター代わりになる厚手のニットカーディガンです。定番のネイビーかグレーのものがあれば、季節の変わり目も快適に過ごせます。

薄手のカーディガンは、余計な装飾のないベーシックなものを選びましょう。重ね着によってコーディネートのバリエーションが広がる万能アイテムです。Tシャツの上に羽織ったり、シャツに重ねて着るのはもちろん、ジャケットやアウターを重ねてもシルエットに影響しないので便利に使えます。

厚手のカーディガンは、ざっくりした編み目のローゲージのものがおすすめ。ジャケットの代わりに着れば、よりリラックスしたカジュアルな印象になります。特に「ショールカラー」という衿のついたタイプは、胸元にボリュームをもたせることもできる優秀アイテムです。

カーディガンで調節しよう

季節の変わり目に

ITEM

春から夏へ、夏から秋への変わり目に重宝するのが、上品な雰囲気のハイゲージニットのカーディガン。Tシャツの上に羽織ってもよし。ジャケットなどを重ね着する際にもシルエットに響かない。

アウター代わりに

ITEM

肌寒い季節は、ローゲージのカーディガンがあると便利。アウター代わりにシンプルなシャツの上に重ねて着るのはもちろん、Tシャツに合わせてもOK。適度に大人の雰囲気を出せる。

「定番アイテムのマスターピース」

第6章で紹介した定番アイテム以外にも、「名品」として押さえておきたいアイテムは多数あります。

知っておきたい定番ブランド

ボーダーカットソー＝SAINT JAMESの「OUESSANT」

フランスのブランド「セントジェームス」が漁師や船乗りの仕事着だったマリンセーターを原型として手がけたボーダーカットソー。海軍の制服、リゾートウェアなどいくつかのブレイクを経て日本で流行。中でも定番のモデルは「ウエッソン」。

ローゲージニット＝INVERALLANの「3A」

ハンドメイドセーターの最高峰と称される「インバーアラン」はスコットランドのニットメーカー。伝統的なパターンが編み込まれたアランニットは、1人のニッターが90時間以上をかけて1枚を仕上げる。特に衿つきのウッドボタン・カーディガン「3A」が定番。

オイルドジャケット＝Barbourの「BEDALE」

イギリスの「バブアー」が生み出したオイルドジャケットは、厳しい環境下で働く漁師や水夫のため生地の表面に油を塗り込み防水性、保温性をもたせたというルーツをもつ。「ビデイル」はベストセラーモデル。メンテナンスすれば数十年は持つという耐久性。

スウェットパーカー＝LOOPWHEELERの「LW09」

1999年に日本で誕生したブランド、「ループウィラー」。スポーツアイテムとして扱われていたスウェットパーカーを、街着としてタイトなシルエットで着ることを提案し、現在では定番に。旧式の吊り編み機で編むことにこだわった生地は、抜群の着心地。

カシミアマフラー＝Johnstonsのカシミアマフラー

スコットランドで創業し、200年以上の歴史を持つ老舗ブランド。原毛の厳選から一貫生産を行い、高い品質を保持している。ブランドの代名詞となったカシミアマフラー、ストールは、ほかのカシミア製品とは一線を画す極上の触り心地。

· OVER 40S' ·

Chapter 6

大人の悩み別ファッション

年を重ねるごとに自然に増えていく見た目の悩み。
よくいわれる「清潔感」とは何なのか。
最終章では、特に年齢相応の具体的な悩みに則した
テクニックと考え方を提案します。

· NEW FASHION RULE ·

大人ならではの悩みも着こなしで解決

体型の崩れや髪の悩み……。年齢とともに見た目に衰えが出てくるのは、ごく自然なことです。年を重ねても素敵な大人であるために大切なのは、そんな見た目の変化を不自然に否定したり逆らうのではなく、受け入れた上で、「見苦しくないよう、どう努力をしていくか」ではないでしょうか。

この章では、年齢相応のさまざまな悩みをカバーするための具体的なテクニックを紹介します。

ここまで繰り返し紹介した3つの鉄則、「ジャストサイズ」「ベーシックな色・デザイン」「上質で着心地のいいもの」を守れば、基本的にはどんな年齢でも、どんな体型の人でも着こなしに失敗することはありません。

その上で、簡単な「視覚のマジック」を使った着こなしを意識することで、よりテクニカルにコンプレックスをカバーすることが可能です。

そして、大人の男性にとって「おしゃれ」以前に重要なのは、やはり「清潔感」です。

好印象、好感度とセットで使われることの多い言葉ですが、「清潔感」とはいったい何なのでしょうか。本書では、それは「人に不快感を与えない身だしなみ」であると定義づけます。

この章では特に服と髪の身だしなみのチェックポイントについて紹介していきますが、もちろん、身だしなみには爪やひげ、鼻毛、口まわりなどのグルーミング面も重要。

大人のファッションは最低限のエチケットを守った上で成立するものであることを、あらためて心にとどめておいてほしいと思います。

POINT 1

着こなしが見た目を「カバー」する

どんな悩みも不自然に隠そうとすると、逆にその部分が強調されてしまうものです。例えば太めな人がオーバーサイズの服を着ると布のもたつきが際立ち、余計に体のラインを目立たせることに。

体型にコンプレックスがあっても、原則は「ジャストサイズ」。その上で目の錯覚を利用し、一点だけではなく、着こなし全体の色やシルエットを工夫することでバランスをとっていきましょう。

体型の悩みとは少し異なりますが、薄毛も考え方は同じです。髪型だけでなんとかしようとするのではなく顔まわり全体でバランスを整えます。

そしてテクニック以上にコンプレックスをカバーしてくれるのは、「姿勢」です。背すじがスッと伸びた人は、それだけで好印象を与えます。逆にどんなに体型がスマートでも背中が丸まっているとたんに自信がなく、貧相な印象になってしまいます。

誰しも年とともに背中は自然に曲がってくるものですが、これには腹筋・背筋の衰えが関係しています。痩せるために体を鍛えるのではなく、しっかり背すじを伸ばすために日々努力をする、という考え方もありではないでしょうか。

最近、おなかが気になる

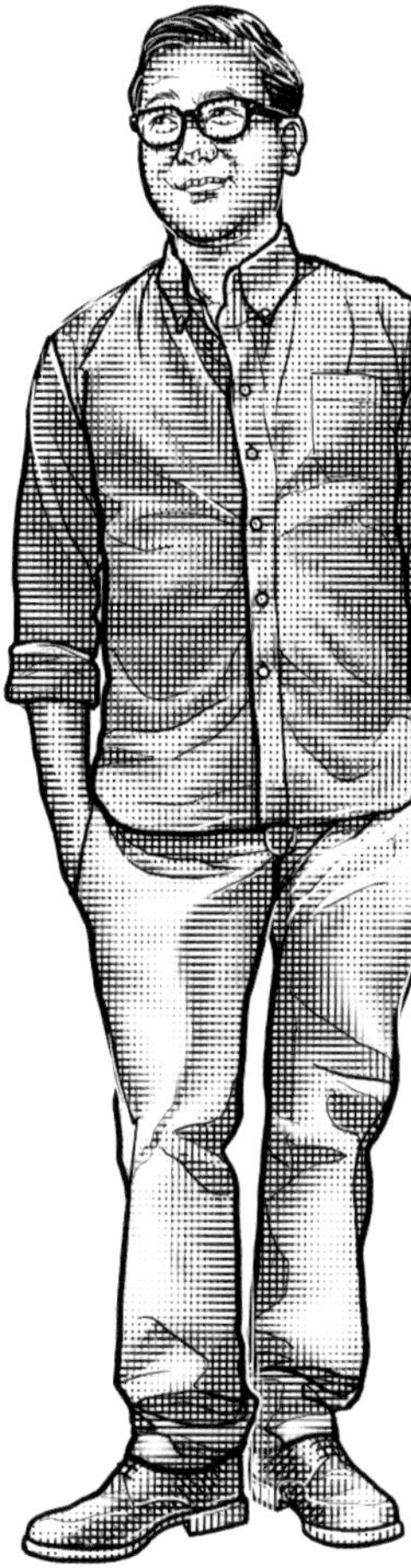

CHECK 1

シャツで清潔感を

形がルーズなTシャツは体のラインがそのまま反映されてしまう。衿つきのシャツなら服の形がしっかりしているため体型補正効果あり。

CHECK 2

色は濃いめを

濃い色みのものを合わせることで、引き締め効果が。

CHECK 3

カジュアルシャツをタックアウトで

シャツをタックインしてしまうと、おなかまわりがはっきり強調されてしまうので丈の短いカジュアルシャツをパンツから出して着よう。

CHECK 4

パンツのテーパードが重要

上半身のボリュームとバランスをとるために、下半身のすっきり感を意識。特にパンツのテーパードが重要。

形がカッチリしたアイテムで体型補正

太めの体型が気になる人は、一つひとつの形がカッチリしたドレス寄りのアイテムを選ぶことで、補正効果が得られる。特にパンツのシルエットは重要。テーパードされた細身のものなら全体のバランスがスッキリ。全体的に膨張して見える淡い色みのものは避け、濃いめの色を組み合わせよう。

胸板が薄く、シャツが決まらない

CHECK 1

上半身にボリュームを

トップスにはショールカラーニットやダウンジャケットなど、ボリューミーなアイテムを。

CHECK 2

レイヤード部分をつくる

シャツを重ね着し、衿や裾にレイヤード部分をつくることで、ボリュームを強調できる。

CHECK 3

タイトにまとめる

服と体の間にあまりが出ないよう、タイトなサイズ感を意識する。

CHECK 4

腕まくりで男らしく

腕まくりすることでボリュームのメリハリが出る。

ボリュームのあるアイテムで上半身を“盛る”

胸元がボリューミーな「ショールカラー」のニットカーディガンなど、服のつくりとして厚みのあるアイテムを選べば、上半身を“盛る”ことができる。ただし、大きく見せようとしてサイズにゆとりを持たせると、あまりが出て「服に着られている感」が漂ってしまう。必ずジャストサイズを選ぼう。

背が低いことがコンプレックス

CHECK 1

サイズはタイトに

上下ともタイトめのアイテムを選び、シルエットを縦長に見せる。

CHECK 2

ボトムスには濃いめの色を

濃いめのボトムスで下半身を引き締めることで、スラリとした印象に。

CHECK 3

ストールを使って縦長感を出す

シンプルに1回ゆるく巻き、両端を長めに垂らすと、縦長のラインが強調される。

ジャストサイズで縦長感を演出

大きく見せようと思うとつい大きめのサイズを着がちだが、服にあまりが出るとそこが余計に強調されてしまう。ジャストサイズのアイテムでタイトなフォルムにまとめることで、縦のラインがつくられ、スラリとしたシルエットが完成する。小物にストールを使って、縦長感を出すのもポイント。

脚の短さが気になる

CHECK 1

上半身を明るく

明るい色のアイテムで上半身に視線を集中させる。

CHECK 2

濃いめのボトムスを

タイトなシルエットのネイビーや黒などのボトムスで、下半身をしっかり引き締める。

CHECK 3

ボトムスとシューズの色を合わせる

脚と足の境界をあいまいにし、脚の長さを目立たなくできる。

CHECK 4

靴底は厚めのもの

女性のハイヒールのような脚長効果を自然に得られるだけでなく、脚よりも先端に目線を誘導できる。

トップスに視線を集中させ、脚をカバー

ポイントは明るいトップス＋ダークトーンのボトムスの「明＋暗」の対比。トップスの明るさが視線を引くため、脚の長短が目立たない。ボトムスを暗い色にすることで、引き締め効果も得られる。シューズは「パラブーツ」のものなど厚底のしっかりしたものを選び、脚よりも先端へ目線がいくよう誘導しよう。

髪の薄さをカバーしたい

CHECK 1

髪は短髪に

短髪にして、額をスッキリ見せると清潔な雰囲気に。

CHECK 2

帽子を活用

休日はコンパクトなハットやニット帽を着こなしのアクセントに。

CHECK 3

眼鏡、ひげでボリュームを

短髪でスッキリさせた頭に対して、眼鏡とひげで顔まわりにボリュームをもたせるとバランスよく見える。ひげはトリマーできちんと手入れしよう。

頭部と顔でボリュームのバランスをとる

薄毛を隠そうとして不必要に髪を伸ばすのは逆効果。潔く短髪にすると男らしさが際立ち、清潔感が漂う。さらに眼鏡やひげで顔まわりにボリュームを持たせると、バランスよくまとまる。休日はコンパクトなハットやニット帽をかぶって、ポジティブにおしゃれを楽しみたい。

POINT
2

自分の「清潔感」を再確認する

どんなにおしゃれに気をつかっても、清潔感がないと好感度にはつながりません。「清潔感」とは、ひと言で言うと、「周囲に不快感を与えないための基本的な身だしなみ」です。

服の汚れやほつれ、シミやシワなど見た目のダメージはもちろんマイナスですが、最も気をつけるべきは臭いです。きちんと洗濯していても生乾きだったり、タバコや料理などの生活臭が沁みついてしまっている服は、おしゃれどころか周りにとっては迷惑なものになってしまいます。

また、最近は香りをつける目的で使う柔軟剤も人気ですが、香りが強すぎるものも少なくありません。自分がいい匂いだと感じても、人によっては不快に感じる場合があることを心得て使うようにしましょう。以上の最低限のマナーを守った上で、着こなしの3つの鉄則「サイズ感」「デザイン」「上質さ」が守られていれば服の清潔感はクリアできると考えてよいでしょう。

服と合わせて髪型も意識を。40代以上の男性にとってまず間違いがないヘアスタイルは黒髪の短髪です。この年代の人が茶髪にすると若づくりと見られがちなので、不必要に髪を染めるのはおすすめできません。

気をつけたい身だしなみのポイント

「服装」身だしなみチェックリスト

□服のダメージ

シミやほつれ、黄ばみなど、数年着ているとどんな服もヨレが出てくるので、シーズンごとに確認を。最初からダメージ加工されているものや、ユーズドアイテムも避ける。

□不必要なシワ

カジュアルシャツなどに自然な風合いを出すシワ感は残したいが、ドレスシャツなど本来シワが不必要なものにはきちんとアイロンを。

□不快な生活臭／洗剤の臭い

特に部屋干しだと生乾きや室内の生活臭がつきやすいので注意。また洗剤・柔軟剤はどんな臭いでも強すぎるとNG。香りは使い続けるうちに嗅覚が慣れ、強くなりがちなので特に気をつけたい。

「髪型」身だしなみチェックリスト

□長髪

髪の質感が変わってくる40代以降の長髪は、清潔な印象になりにくい。額までスッキリと出した短髪がおすすめ。

□茶髪、金髪

40代男性の茶髪・金髪は、本人によほど個性がないと浮いてしまう。自然な黒髪をキープしよう。

□白髪

男性の場合は全体的にまんべんなく入っていればダンディーな印象に。部分的に白いと逆に目立つため、白髪染めを。

積極的に
取り入れたい小物

男性の「こだわり」を推しはかりやすいのが「小物」です。着こなしは完璧でも、持ち合わせている小物が微妙だと残念な印象になってしまいます。女性や店のスタッフなどの第三者からも想像以上によく見られているので、「この小物を使うことで周囲にはどう見えるか」をよく考えて選ぶ必要があります。とはいえ、分不相応のブランド品を持つ必要はありません。特に財布や時計はわかりやすいブランドロゴが入っているものを使う人も多いですが、主張の強いものは見る人の好みがわかれることを頭に置いておきましょう。

ルールは服と同じ。「シンプルで上質なもの」です。毎日着替える服に対して変化の少ない小物は、どんな着こなしにも合いやすいものであることが第一。パッと目立つものではなく、ベーシックなデザインを選びましょう。耐久性や機能性にもこだわりたいところ。必要最低限の数でいいので、チープなものは買わず上質なものだけをそろえていきます。

WATCH

“男のアクセサリー”とし、デザインも重視

機能面だけを重視するのではなく、着こなしのアクセントとしてアクセサリー替わりにぜひ取り入れたいのが腕時計。価格帯もデザインも千差万別だが、他人の目によくとまり、センスを判断されやすいためしっかり投資したい。ここでは、どんな着こなしにも似合う万能な1本と、クラシカルなデザインの1本を紹介。

一見、男らしく無骨なデザインだが、シンプルで非常に上品。高級感あふれる洗練されたデザインでありながら、10万円前後と少し背伸びをすれば届く価格帯というのもうれしい。ヌバックのベルトがこなれた雰囲気を醸し出し、特に、アメカジやスポカジの服装と相性抜群。

「KHAKI FIELD OFFICER AUTO」／HAMILTON（ハミルトン／スウォッチ グループ ジャパン）

クラシカルな高級感の中に漂う、ほどよいカジュアル感が着こなしをグッとおしゃれに。誰が見ても嫌味のないデザインながら3万円台という価格も魅力。シンプルな佇まいは、どんな装いにも溶けこみやすい。ビジカジ、イタカジスタイルによく似合う。

「レザー DATE SILVER38mm」／Daniel Wellington（ダニエル・ウェリントン 原宿）

GLASSES

誰が見ても違和感のない定番「ウェリントン」

近年は主張の強いデザインの眼鏡が流行中だが、本書で紹介してきた着こなしに似合うのは、主張しすぎないベーシックなタイプ。顔形や雰囲気で似合う形やフレームのタイプも変わってくるが、誰にでも似合いやすい万能な形として、シンプルなセルフレームの「ウェリントン」型の2本を紹介。

シンプルな中にビンテージ感を残したデザインで、ところどころにシャープなポイントがあるのも「オリバーピープルズ」の魅力。「RATNER COCO2」は、細いフレームにやや太めのキーホールブリッジと、飾り丁番が上品な大人の男性に最適の眼鏡。特にアメカジとの相性が抜群。

「RATNER COCO2」／OLIVER PEOPLES（オリバーピープルズ東京ギャラリー）

オーソドックスな1本。シンプルなデザインだからこそ素材の質感や細かなデザインにまで配慮された上質さが光る。「フォーナインズ」の眼鏡は掛け心地にも定評があり、ファッション性だけではない魅力を備えている。特にビジカジ、イタカジスタイルにぴったり。

「NP-35」／999.9（フォーナインズ）

HAT

見慣れれば使い勝手のいいアイテム

ハードルが高いと見られがちな帽子。逆にうまく着こなせば手軽におしゃれ感が出しやすいアイテムでもある。ハット、ニット帽ともに選ぶ際のポイントは余計な飾りや装飾のないシンプルなものであること。被った姿に見慣れるまで時間はかかるが、慣れれば違和感はないので積極的にとりいれたい。

ニット帽は、ハットとは逆にラフな雰囲気を出しやすいアイテム。髪型もカバーできるため休日のセットが面倒なときにもおすすめ。前髪を見せず、額を広めに出して被ると今っぽい。スポーティな雰囲気に仕上がるのでアメカジやスポカジスタイルにぜひ。

ニット帽／CA4LA（カシラ）（CA4LAショールーム）

「ハット」と呼ばれるツバのついたクラシカルなデザインの帽子は普段使いのハードルが上がるが、ジャケット＋シャツなどシンプルな着こなしのアクセントとして加えると、ワンランク上のおしゃれが楽しめる。ポイントはコンパクトなシルエットのものをチョイスすること。

ハット／CA4LA（カシラ）（CA4LAショールーム）

BAG

きれいめスタイルには断然「トートバッグ」

ビジネス用のブリーフケースのほかにもうひとつ、休日のきれいめスタイル用として備えるならば「トートバッグ」がおすすめ。収納力とファッション性の両方を備え、着こなしを邪魔しない。ただし、アメカジ、スポカジなどラフ寄りの着こなしの際にはP89で紹介したようなリュックを。

男性のトートッグは華奢すぎると貧相に見えるので、大ぶりのものを。オールレザーながら軽量で、ファスナー付き、内ポケットも充実し機能面も非常に優秀。デザインもシンプルで洗練され、高級感が漂う。ビジカジからイタカジまで使いやすい。

「Maiden Voyage MB048-横型トートバッグ」／PELLE MORBIDA（ウエニ貿易）

COLUMN 4

WALLET

シンプルで上質な革素材のものを

支払いの際に見られる財布は、派手なブランドロゴで主張するのではなく“上質さ”をアピールしたい。高級ブランドである必要はないが、ナイロン素材はどうしてもチープな印象が先行してしまう。おすすめはやはり革のもの。財布は毎日使うので、どんなスタイルにも合うよう、シンプルなデザインを選ぼう。

イギリスのハンドメイドでつくられる「ホワイトハウスコックス」の革製品は、経年変化で味が出てくるため、育て甲斐がある。コンパクトな3つ折りながら大型コインケースが中に収納され、カード入れ以外にもポケットが充実していて使いやすい。

S7660 3FOLD WALLET / BRIDLE（HAVANA）／Whitehouse Cox（グリフィンインターナショナル）

アイテムのメンテナンス

どんなに上質なアイテムでも、何も手入れをしなければ早く劣化してしまいます。逆に、適切な手入れをこまめに行いながら大切に使えば、長持ちするだけでなく、自分ならではの味が醸し出され、買ったとき以上に愛着がわくものに。ここでは特に長く使いたいアイテム、「ジャケット」と「革靴（表革）」の手入れ方法を紹介します。

JACKET

ウールジャケットはまめにクリーニングに出してしまうと逆に生地を傷めてしまう。クリーニングはシーズン終了時に1回程度とし、普段の自宅でのブラッシングで長持ちさせる。2日連続での着用は避け、休ませよう。

脱いだ直後にブラッシングを

繊維の間に溜まった脂やホコリをとるためにブラッシングを行う。脱いだ後に、厚手のハンガーにかけ、全体を下から上に逆なでするようブラッシングした後、上から下にかけ、毛並を整える。そのまま風通しのよいところで陰干しし、湿気を抜こう。

SHOES

購入直後、はく前に防水スプレーをかけると汚れがつきにくくなる。連続ではははかず2日以上休ませ、保管の際は必ず「シューキーパー」を使おう。2,000円台から購入できるので靴の数だけそろえたい。はくときは靴ベラを。紐靴の場合はレースを緩めてはくのも長持ちさせるポイント。クリームを使った以下のメンテナンスは月1回程度行おう。

ITEM

- デリケートクリーム
- ポリッシングコットン×2
  (使い古したハンカチやシャツの切れ端などでもOK)
- 馬毛のブラシ
- シューキーパー

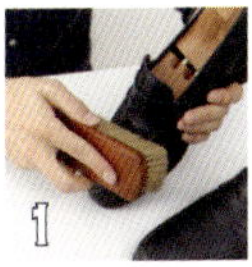

シューキーパーを入れた靴全体をやさしくブラッシングし、ほこりを落とす。

ほこりは特に溝になっている部分にたまりやすいので、ていねいにかき出す。

人差し指と中指に布を巻きつけ、デリケートクリームを適量つける。

全体にまんべんなくクリームを伸ばしていく。

乾いた布でから拭きし、ツヤを出す。

※ここで紹介したのは表革の革靴のシューズのお手入れ方法。スエード靴の場合は使用するクリームやブラシが異なるため注意。

大人のファッション基礎用語集

本書に登場したアイテムまわりのごく基本的な用語をまとめて紹介。店でオーダーする際にぜひ参考にしてみてください。

「ジャケット」まわり

【アンコンジャケット】裏地、芯素材、肩パッドなどの構造材を極力減らし、軽くソフトなシルエットに仕上げたジャケット。カジュアルな着こなし向き。

【背抜き仕立て】背面の裏地が下3分の2ほどカットされた状態の仕立て。重さが軽減され、通気性がよくなるため、春夏秋スリーシーズン用の仕立てに用いられることも。

【段返り三つボタン】3つのボタンのうち、一番上のボタンがラペルの折り返しにかかっているもの。一番上は止めないのが正解。

【パッチポケット】本体とは別布で張り付けられたポケット。

【フラップポケット】ポケットにふたがついたもの。雨やほこりよけの意味があるので、戸外では出し、屋内ではポケットの中に収納するのが正式。

【ブレザー】形はジャケットと同様でシングルとダブルがあるが、ボタンに金属素材が使われているのが特徴。

【ベント】背面の裾に縦に入った切り込み。おろしたては仕付け糸がついているので、カットを忘れずに。

【ラペル】下衿部分。上衿は「カラー」。

「シャツ」まわり

【オックスフォード生地】コットンシャツの中でも粗い織り目で厚めの生地。主にカジュアルなボタンダウンなどに用いられる。アイロンをかけず洗いざらしの風合いでもきまる。

【カジュアルシャツ】ドレスシャツに対して、裾はタックアウトしてラフに着ることを前提としてつくられたシャツ。台衿はなく、着丈は短め。

【ドゥエボットーニシャツ】通常は第一ボタンがひとつつけられている衿部分にボタンがふたつ縦に並んでついたシャツの総称。高い衿が特徴。3つ並んだものは「トレボットーニ」。

【ドレスシャツ】裾はタックインし、上にジャケットを着ることを前提としてつくられたフォーマル寄りのシャツ。衿の裏側に硬い「台衿」が入れ込まれ、タイ着用時に形が崩れないように補正されていること、着丈はパンツに収納するのが前提のため長めにつくられていることなどが特徴。

「ニット」まわり

【カシミア】中央アジアに生息するカシミア山羊からとられた毛を使用した織物。ウールよりも毛が細かく密度も高いため、めなめらかな手触りと高い保温性を備える。採取量が少ないため、高級素材として扱われている。

【クッション】パンツの裾が靴にかかることでできるたわみのこと。長めに仕上げ深くたわませたものは「ワンクッション」、軽くたわませたものは「ハーフクッション」、靴にギリギリかからない程度に仕上げたわみなしとしたものは「ノークッション」。

【メランジ織り】2色以上の霜降り糸を用いて織られたもの。

【メリノウール】メリノ種の羊からとれる最高級ウール。繊維が細かく、やわらかな肌触りが特徴。

【ローゲージ／ミドルゲージ／ハイゲージ】ゲージとは、1インチに対してどのくらい編み目が入っているかの単位。5ゲージ以下がローゲージ、6～11ゲージがミドルゲージ、12ゲージ以上がハイゲージと呼ばれる。

「パンツ」まわり

【クリース】パンツの両脚前中央部に、腰から裾まで縦に入ったアイロンの折り目。

【クロップドパンツ】6～7分丈で、足首が見えるようデザインされたパンツ。

【スラックス】本来はゆとりのある長パンツ全般を指す言葉だが、現在は主にフォーマル寄りの場に着用する薄手のウール素材のものを指す。

【チノパン】チノクロスと呼ばれる厚手のコットン地で作られたコットンパンツの一種。軍用アイテムだったルーツがあるため、カーキやベージュが主流。

【テーパード】裾に向かってシェイプされたデザインのこと。

「革靴」まわり

【表革】スエードやヌバックに対して、「レザー」と呼ばれる通常の革。スムースレザーとも呼ばれる。光沢がありツルツルとした手触りが特徴。

【シューレース】靴ひものこと。

【チップ】革靴のつま先の切り替えの形。上から甲を見た際、「ストレートチップ」は横に一直線に切り替えラインが入ったもの、「Uチップ」はUの字に、「ウィングチップ」はWの字に切り替えられたもの。

【スエード】皮の裏側をなめし、起毛加工したもの。表革に比べ柔らかく、形の変形が自在。ちなみに「ヌバック」は表側に同様の処理をしたもの。

- Shop List -

掲載協力店 問い合わせリスト

MSPC PRODUCT PRESS ROOM	03-3796-1296
ウエニ貿易	03-5815-5720
オリバーピープルズ 東京ギャラリー	03-5766-7426
CA4LA ショールーム	03-5775-3433
グリフィンインターナショナル	03-5754-3561
サーティーファイブサマーズ	03-5825-3588
ザ・ノース・フェイス	（ゴールドウインカスタマーセンター）0120-307-560
スリードッツ青山店	03-6805-1704
スローウエア ジャパン	03-5467-5358
タトラス ジャパン	03-3499-6363
ダニエル・ウェリントン 原宿	03-3409-0306
チンクエ クラシコ	078-221-2677
ハイブリッジ インターナショナル	03-3486-8847
ハミルトン／スウォッチ グループ ジャパン	03-6254-7371
パラブーツ 青山店	03-5766-6688
ビーアールオンライン	www.bronline.jp
ファクトタム	03-5428-3434
フォーナインズ	03-5727-4900
リーバイ・ストラウス ジャパン	0120-099-501

※本書で紹介している商品は、すでにお取扱いがない場合がございます。あらかじめご了承ください。

Postscript

― おわりに ―

「40代からの新しいファッションのルール」
というテーマで、大人の男性の着こなしの
基本について紹介しました。

いきなりすべてを変える必要はないので、
興味をもたれたところから、
少しずつ自分の変化を楽しみつつ
取り入れていただけたらと思います。

堅苦しく「ルール」と銘打ってしまいましたが、
そもそもファッションは楽しむもの。
いくつになってもチャレンジしていきましょう。
本書で紹介したいくつかの「ルール」を
頭の片隅におきながら、
かつて憧れた「かっこいい40代、50代」を
あらためて目指してもらえたら、
こんなにうれしいことはありません。

大山旬

Shun Oyama

パーソナルスタイリスト。これまで著名人を含む1000名以上のスタイリングを担当。特に経営者や専門家に向けたスタイリングアドバイス、及び仕事でのキャリアアップを目的としたスタイリングを得意とする。著書に『できれば服にお金と時間を使いたくないひとのための 一生使える服選びの法則』（ダイヤモンド社）。

［カバーデザイン］　藤井耕志（Re:D）
［本文デザイン・DTP］　阿部順幸
［撮影］　西尾豊司（STUDIO・RONDINO）
［イラスト］　あべあつし
［編集］　斉藤彰子、服部啓一（株式会社KWC）

大人の自由時間 mini

クローゼット整理《せいり》からはじまる40歳《さい》からの服選《ふくえら》び

さらりと身《み》につく 大人《おとな》ファッションの新《しん》ルール

2016年4月 5日　初版　第1刷発行
2018年6月29日　初版　第2刷発行

［ 著者 ］　大山《おおやま》 旬《しゅん》
［発行者］　片岡　巌
［発行所］　株式会社技術評論社
東京都新宿区市谷左内町21-13
電話　03-3513-6150：販売促進部
03-3267-2272：書籍編集部
［印刷／製本］　図書印刷株式会社

定価はカバーに表示してあります。

ISBN978-4-7741-7990-2 C2077
Printed in Japan